Bergsteiger
Bibliothek

Stefan König

Sternstunden des Alpinismus

Erzählungen

Bruckmann München

Einbandmotiv:
Kletterer auf Felsnadel
in Joshua Tree, Kalifornien
Foto: Heinz Zak, Scharnitz

CIP-Titelaufnahme der Deutschen Bibliothek

König, Stefan:
Sternstunden des Alpinismus : Erzählungen / Stefan König. –
München : Bruckmann, 1991
(Bergsteiger-Bibliothek)
ISBN 3-7654-2348-3

Herstellung: Bruckmann München
Printed in Germany
ISBN 3-7654-2348-3

Inhalt

Alpine Geschichte, alpinistische Sternstunden und die Möglichkeiten der Phantasie

Alpingeschichte ist selten langweilig. Für den, der alle Fakten eines besonderen Ereignisses im Gebirge zusammenträgt, der Karten zu lesen, Bilder zu deuten, die tieferen Inhalte von Originaltexten aufzuspüren vermag, entsteht in jedem Fall ein faszinierender, oftmals hinreißend spannender, bisweilen erschreckend dramatischer Gesamteindruck. Und er findet viel mehr Antworten, als er zunächst Fragen stellte. Aha, so war das also, damals, als der Dichterfürst Petrarca vom Gipfel des Mont Ventoux den Blick über die Provence schweifen ließ, Berge und Küsten sah. So war das Jahrhunderte später, als am Hörnligrat des Matterhorns das Seil riß und vier der Erstbesteiger tödlich verunglückten. So war das 1938 in der Eiger-Nordwand und fast fünfzig Jahre später, als der ehemalige Bauernbub aus dem Villnößtal, als Reinhold Messner letzte Schritte zum letzten Achttausender tat.

All dies läßt sich nachlesen. In Originaltexten der Bergsteiger, die Sternstunden in die Berge trugen. In den unzähligen Veröffentlichungen der Alpinhistoriker, die, streng an den Fakten orientiert, bergsteigerische Großtaten von einst bis jetzt würdigen, nochmals ans Licht holen, zu hundertsten oder zweihundertsten Geburtstagen laden, Jubiläen verkünden oder Grabreden auf längst Verstorbene, nicht selten in den Bergen Verunglückte, halten. Es läßt sich, aufs kürzeste gefaßt, auch nachlesen in Toni Hiebelers Lexikon der Alpen: Da stehen die Jahreszahlen, die Namen der Alpinisten, die besonderen Geschehnisse. Schon aus diesem Lexikon ist das Wesentliche zu erfahren. Was allein fehlt, ist ein gewisser Spielraum für die Phantasie. In kaum einem der vorgenannten Texte, am ehesten noch in den Originalpublikationen, werden Menschen lebendig, fangen vor dem geistigen Auge des Lesers zu laufen, zu klettern an, ertragen Leid, erleben Glück und Erfüllung. Meist sind die Protagonisten dieser großen Abenteuer in den Alpen und an den Bergen der Welt eingebettet in Jahreszahlen und in den Mythos, der sie nach einer alpinistischen Großtat umgibt. Petrarca zum Beispiel ist von Alpinisten längst heiliggesprochen, gilt als Urvater der Bergsteigerei und man nähert sich ihm geradezu ehrfurchtsvoll. Kaum einer bemerkt beim Lesen seines berühmten Sendschreibens, daß er schlußendlich seinen Aufstieg zum Gipfel des »windigen Berges« verdammt, daß er ihn in Anbetracht wesentlich wichtigerer Aufgaben als sinnlos und überflüssig darstellt. Es will zumindest niemand so recht bemerken.

Ich habe mich mit diesem Buch darangemacht, Menschen der Alpingeschichte ein wenig Leben einzuhauchen. Versucht, mir vorzustellen, wie sie waren, wie sie gewesen sein könnten, charakterlich und unterwegs im Gebirg'. Ich habe viel über die jeweilige Begebenheit zusammengetragen, alles was irgendwie auffindbar war, habe gelesen, sortiert, Widersprüchliches gegeneinander abgewogen und schließlich all dies solange in meinem Kopf mit mir herumgetragen, bis Bilder zu laufen begannen, kleine Filme entstanden, starre Historie in Bewegung und manchmal, ich gebe es zu, ein wenig aus den Fugen geriet, bis aus Geschichte lebendige Abenteuer wurden, Abenteuer in meinem Kopf. Die wahren Abenteuer nämlich sind im Kopf, weiß der Wiener Poet André Heller, und sind sie nicht im Kopf, dann sind sie nirgendwo.

So sind kleine Erzählungen entstanden. Erzählungen über Sternstunden des Alpinismus. Die Auswahl traf ich beliebig, den Titel lieh ich – wer wüßte es nicht? – bei Stefan Zweig.
Denkbar einfach war die Ausgangssituation: Ich sagte mir, wenn heute ein Filmemacher, ein Bergfilmer wie Gerhard Baur oder ein Spielfilmregisseur wie Sydney Pollack, daran ginge, alpinistische Sternstunden auf Zelluloid zu bannen, dann könnten die Fakten allein nicht genügen. Spannungsbögen müßten, soweit vom tatsächlichen Geschehnis nicht vorgegeben, aufgebaut werden. Charaktere müßten sich entwickeln, Dialoge wären zu schreiben und vor allem müßte ein Umfeld geschaffen sein für die Akteure, eine Ausgangssituation, ein plausibler Schluß. Würde jeder Film einsetzen am Fuß des Berges und am Gipfel enden, es entstünde zweifelsfrei Langeweile. Nur die Phantasie kann das verhindern.

Doch glaube ich sagen zu dürfen, daß es sich bei meinen Erzählungen nicht allein um Hirngespinste oder, feiner ausgedrückt, Traumreichsbrücken handelt. Das bergsteigerische Ereignis, die alpinistische Tat ist, soweit recherchierbar, faktisch wiedergegeben. Manchmal steht sie im Mittelpunkt einer Geschichte, bisweilen aber rückt sie auch an den Rand, um für andere Handlungsebenen Platz zu schaffen. Wer das Bergsteigen und damit auch seine Geschichte als einen

Teil im Leben sieht, nicht bedeutender und nicht unbedeutender als andere Teile, der wird meinen unbeschwerten Umgang mit dieser ja gar nicht so fürchterlich ernsten Materie verstehen können.

Wo ich nacherzählt habe, versuchte ich dies geschichtstreu zu tun. Schwieriger freilich war die Charakterisierung der Akteure, der im Zentrum der Betrachtungen stehenden Alpinisten. Auch eine Fülle von Veröffentlichungen erlaubt heute nicht viel anderes, als sich ein oberflächliches Urteil über eine Person zu bilden. Oftmals nicht mehr als das berühmte Vorurteil. Hier, warum es verschweigen, nehmen meine Gedankenspiele einen nicht unerheblichen Raum ein. Dennoch: Jedwede Ähnlichkeit mit noch lebenden oder bereits verstorbenen Personen ist durchaus erwünscht.

Völlige Freiheit ließ ich mir nur bei der Inzenierung der einzelnen Erzählungen. Ich bediente mich der Freiheit der Literatur. So erinnert sich, was natürlich kein Mensch auf der Welt wissen könnte, Petrarca in der Nacht vor seinem Tod neben vielem anderen auch an die Besteigung des Mont Ventoux; aus den Bemühungen des Altgrafen Salm-Reifferscheid um die Erstbesteigung des Großglockner ließ ich ein Spiel für Stimmen werden; ein gewisser Abbé Coupeau, den es so nie gegeben hat, denkt nach über Frauen, die es nicht lassen können, auf dem Montblanc herumzusteigen; ein Schriftsteller aus Wien hat Ende des zwanzigsten Jahrhunderts drei wundersame Begegnungen mit dem großen Dolomitenerschließer Paul Grohmann; im bayerischen Oberland beginnt der Tourenskilauf; Adolf Hitler empfängt die Bezwinger der Eiger-Nordwand; eine Schulklasse sinnt über »Lohn für sportliche Leistung« am Beispiel Hermann Buhls; der Altmeister des Films, der große japanische Regisseur Akira Kurosawa träumt von Messners letzten Schritten zum vierzehnten Achttausender; zu guter Letzt weiß ein hundertjähriger Mann namens Tonino Pagrelli, daß es so viel gar nicht braucht, um Sternstunden im Gebirge erleben zu können.

Es ist, wie ich glaube, kein Buch über die Alpingeschichte dabei entstanden. Das wäre auch nicht meine Absicht gewesen. Mein Anliegen war und ist vielmehr, Leser, auch solche ohne alpinistische Fachkenntnisse, anregend zu unterhalten. Vorbehaltslos bekenne ich mich zur Unterhaltung, einem Wort, das dank Niedrigpreis- und Niedrigverstandproduktionen der Fernsehanstalten entscheidend gelitten hat. Unterhaltung aber ist notwendig, kein Mensch auf der Welt möchte darauf verzichten, in welcher Form auch immer er sie sich bieten läßt.

Die »Sternstunden«, diese umfangreiche Arbeit an der Schreibmaschine, erlaubt mir, zustimmend mit dem Kopf zu nicken, wenn wirkliche Unterhaltungskünstler, wenn Zirkusdirektoren und Theaterintendanten, wenn Filmemacher und Kinoinhaber, Entertainer und viele andere aus diesem Fach behaupten, daß kaum etwas so schwierig zu machen sei wie gute, die Betonung liegt auf gute, Unterhaltung. Unterhaltung also. Interessant in diesem Fall, wie ich glaube, spannend und anregend, wie ich hoffe, Lesevergnügen bescherend, wie ich sehnlich wünsche. Für all jene, die sich mit der Unterhaltung allein nicht zufrieden geben, liefert der Anhang alle wichtigen Daten zu den erzählten Sternstunden, informiert über Berg, Route, Alpinisten und weist hin auf grundlegende Literatur.

Um jedoch jegliche Zweifel auszuschalten, sollte nun der Leser weiterblättern, bereit sein zu einer Abenteuerreise durch die Berge, beginnend im nordgriechischen Felsenwald Metéora, beginnend mit einer wirklich überaus fragwürdigen, jedoch immerhin denkbaren Geschichte, weiter durch die verschiedensten Gebiete der Alpen, durch Südamerika und den Himalaya, endend schließlich irgendwo und irgendwann in der jüngeren Vergangenheit. Ausflüge in die abenteuerliche Welt der alpinen Geschichten.

Dank gebührt meinen Reisebegleitern, in erster Linie meiner Frau, die alle Texte von frühen mäßigen Entwürfen bis hin zum Endprodukt gelesen, bedacht, kritisiert hat – und nichts ist so undankbar, als einen Autor zu kritisieren. Dank auch an Christine Sass, die tatkräftig mitgeholfen hat, die Alpenvereinssektion Murnau, die mich für die Erzählung »Am Rande der Alpen« mit Hintergrundinformationen versorgte, an Frau Rüber und Herrn Straßer von der Bibliothek des Deutschen Alpenvereins, ohne deren Kenntnisse und Unterstützung kein Buch zustande gekommen wäre, und Dank nicht zuletzt an den Verlag, der bereit war, ein Lesebuch mit alpinistischem Thema herauszubringen, und dann geduldig auf das Manuskript gewartet hat.

Widmen möchte ich diese »Sternstunden des Alpinismus« Angelika und Kathrin, Lotte und Sepp.

Stefan König

Die neu erfundene Legende vom buckligen Christofis und wie er sich im 14. Jahrhundert um das Metéorakloster Alyssos verdient gemacht hat

Eine kleine Fragwürdigkeit zum Auftakt

Aufgeregt und ohne Unterlaß bimmelte die Glocke des Klosters Doupiani, das, so lange war es noch nicht her, kühn und weltabgeschieden auf einem höhlenartig überdachten Band inmitten der steilen Nordwand des Doupianifelsens errichtet worden war. Die Glocke bimmelte aufgeregt und entsandte ihren hellen, nicht ganz reinen Klang, der von den vielen markanten Metéoratürmen aufgefangen, zurückgeworfen und in alle Himmelsrichtungen weitergeleitet wurde. Es schien geradezu, als würden sich all die imposanten Felsgestalten durch das weitergegebene Glockengeläut Mitteilung davon machen, daß Ostersonntag sei, Fest der Feste, und bei genauem Hinsehen hätte man zwischen zwei Wimpernschlägen bemerken können, daß sich die steinernen Riesen noch mehr reckten, Haltung annahmen, so, als wenn sie zum feierlichen Anlaß ein gutes Bild abgeben wollten. Der Aghion Pnéwma streckte seine steilen Pfeiler, die er nach Norden als zwei lange Beine entsandte, die mächtige Aghia schüttelte Staub von ihrer gipfelnah südlich vorgelagerten Terrasse, hob ihr Haupt und gab unmißverständlich und nicht ohne Stolz zu verstehen, daß sie der höchste der wahrhaft eindrucksvollen Metéoratürme sei, die Ambaria scheuchte die häßlichen und alles mit ihrem Kot bedekkenden Schmutzgeier aus den zahlreichen größeren und kleineren Höhlen in der Südwand, der Kreni Petra nahm das Gebimmel der Doupianiglocke, das mittlerweile vielstimmig geworden war, verspielt auf, jonglierte damit herum, warf es seinem Gegenüber, einem Felsen, der einer riesenhaften Bischofsmütze glich, zu, bekam es zurück, und so ging es hin und her, bis sich selbst diese beiden der Heiligkeit des Tages bewußt wurden und mit einem letzten Rest von Anstand die Glockentöne entweichen ließen, auf daß sie noch weithin von der Auferstehung des Herrn künden könnten.

Nicht weit vom Kloster Doupiani waren ein paar Häuser nah an die senkrechten Gemäuer von Sourloutis und Pixari herangebaut, sie schmiegten sich, zu einem kleinen Dorf vereint, an die Rückendekkung gewährenden Wände, zwischen den wenigen Häusern glimmte an einigen Feuerstellen rote, reisiggenährte Glut, und die Bewohner jener kleinen Siedlung waren damit beschäftigt, ein paar gehäutete Lämmer mit Spießen vom Schlund bis zum Darmaustritt zu durchbohren und für das Stunden dauernde Braten vorzubereiten. Es mögen annähernd zwei Dutzend Menschen gewesen sein, die zur frühen Morgenstunde die Feuerstellen umstanden, wortkarg noch, denn der neue Tag gab sich kühl, Bergschatten lagen grau über dem Dorf. Allein das nahe, bereits sonnenbeschienene Pindosgebirge, dessen Gipfel noch schneeverhüllt waren, kündete davon, daß dieser Ostersonntag ein schöner werden sollte, mit Frühlingswärme, milder Luft und allem, was dazugehört. Alte, runzlige Weiber kauerten neben der Glut und begannen, die Lammspieße langsam und gleichmäßig zu drehen. Bald tropfte Fett in das verhaltene Feuer und zischte laut.

Die Männer, große und kräftige Männer mit arbeitsstarken Händen, mit Dreck unter den Nägeln und wild wuchernden Bärten im Gesicht, hatten Felljacken umgelegt und wärmten sich zusätzlich von innen, indem sie lederne Trinkbeutel herumreichten und immer wieder kräftige Schlucke starken Schnapses daraus nahmen. Ihre Frauen, die sich festtäglich gekleidet hatten, die helle Gewänder unter wärmenden Decken trugen, und deren Schuhe mit orientalischen Mustern versehen waren, legten von Zeit zu Zeit kleine Reisigbündel ins Feuer, stocherten zuerst damit in der Glut und bliesen aus Kräften hinein, damit das dürre Holz rasch von den Flammen ergriffen würde. Bald hatten die Frauen von der Hitze des Feuers und vom Ruß, der bei ihrem Hantieren entstand, rote Wangen und schwarze Nasen, und die Männer ließen sich davon sichtlich belustigen.

Kinder kamen erst nach und nach aus den primitiven Häusern, die zum Teil aus Lehmziegeln, zum Teil gänzlich aus Holz erbaut waren. Sie hatten meist unförmige Umhänge übergestreift, Umhänge aus Schafwolle, die dick und schwer waren und die Kälte gut abhielten, zugleich aber überall dort, wo sie auf nackter Haut lagen, widerwärtig kratzten und ihre Eigentümer auf das unangenehmste plagten. Doch auch die Kinder nahmen die niedrigen Frühtemperaturen gelassen hin; viel Zeit würde ja nicht mehr vergehen, bis eine alles belebende Sonne um die Metéorafelsen käme, sich über dem Pindosgebirge erhöbe und mit ihren Strahlen die Dorfbewohner erfreuen würde.

Und so war es in der Tat. Mit der Sonne kam die Wärme und die Lebensfreude. Jetzt lachten nicht nur die Männer, jetzt lachten auch die dunkelhaarigen Frauen, und sogar die Alten verzogen bisweilen ihre tiefen Falten und legten, was ein Lächeln bedeuten sollte, die spärlichen Reste ihrer Gebisse frei. Die Kinder streiften ihre unbequemen Umhänge ab und brieten an kleinen Holzstöcken Lungen-, Herz- und Leberstückchen. Und ein paar tollten zwischen den Feuerstellen, zogen an einem langen Darm, den sie irgendwo aufgelesen hatten, zogen nach allen Richtungen und waren mit dem willigen Spielzeug glücklich und zufrieden. Nach und nach kamen immer mehr Menschen, um die bratenden Lämmer zu umstehen, zu trinken, zu reden, zu lachen.

Zuerst kamen die Eremiten über wackelige Holzleitern aus ihren in luftigen Höhen befindlichen Felsnischen, wo sie sich tagaus tagein in Askese übten, sich in die Gottesverehrung vertieften, beteten und Buße taten, zuerst kamen sie, und ihren ausgemergelten Körpern, ihren hageren Gesichtern, ihren hohlen Wangen sah man an, daß es sie nach Osterbraten hungerte, und jedermann hatte ein Einsehen. Dann kamen Männer, Frauen und Kinder, die ihre Häuser in der benachbarten Abgeschiedenheit erbaut hatten, die das ganze Jahr über in der Einsamkeit lebten, nur den kleinsten Familienkreis, einen Hund, ein paar Tiere hatten und nun an Ostern den Kontakt zu Mitmenschen suchten.

Alsbald gesellten sich die Mönche vom Kloster Doupiani, dessen Glöckchen längst verstummt war, hinzu, als kleines Grüppchen Schwarzgekleideter kamen sie daher, ihre Gesichter zeigten Ernst mit Milde, unter den Hauben quoll fettiges Haupthaar hervor, und ihre Bärte machten den Eindruck, als würden die Männer sich nach ihren kärglichen Mahlzeiten die Finger daran reinigen. Auch die Mönche traten zu den Feuern, sprachen zunächst leise Gebete, wahrten erst einmal den Schein, doch bald schon ließen auch sie sich die Trinkbeutel reichen.

Zuletzt, ziemlich zuletzt, kam Christofis. Christofis war klein von Gestalt. Zudem ging er etwas gebückt, und sein Rücken wies über der rechten Schulter einen Höcker auf. Beim Gehen schien er leicht zu hinken, wohl war das eine Bein kürzer als das andere. Entstellt war sein Gesicht. Die Mundwinkel waren verzogen und gaben Christofis den Anschein, als wenn er unentwegt lächeln würde. Seine Augen blickten blöd. Sein weniges Reden war nur schwer verständlich. Kehlige Laute waren seine Sprache, und wenn er sich dabei erregte, fiel der Kopf abwechselnd in den Nacken und wie leblos auf die Brust.

Doch der liebe Gott im Himmel ist gerecht. Er hatte Christofis für seine reichlichen Mißbildungen mit einer kaum glaublichen körperlichen Gewandtheit ausgestattet, hatte ihm statt Schönheit geradezu unwahrscheinliche Beweglichkeit und ungeheure Kraft mit auf den Erdenweg gegeben. Kein anderer der Bewohner Metéoras hätte es ihm im Steigen und Klettern gleichtun können, keiner vermochte wie er die natürlichen Gegebenheiten des wilden Geländes zu nutzen, kaum jemand war bislang in jene abgeschiedenen Winkel zwischen den lotrechten Türmen vorgedrungen, wo sich Christofis hingegen ganz und gar heimisch fühlte. Christofis kannte gangbare Scharten zwischen unbezwingbaren Wänden, er kannte wolfssichere Höhlen, Durchschlüpfe im schier undurchdringlichen Macchiagesträuch und vor allem: er konnte klettern, trotz allen unschönen Verwachsungen klettern. Und war er zu ebener Erde auf den ersten Blick ein hinkender Krüppel, so schien er in der Steilheit der Felsen wie verwandelt. Sicher und ohne Zögern stieg er von Kiesel zu Kiesel, natürlichen Griffen und Tritten, die im Konglomeratgestein von Metéora eingebacken waren. Das Wandklettern war ihm kein Problem. Doch auch andere Schwierigkeiten wußte er zu bewältigen. Kamine zum Beispiel meisterte er mit einer eigenwilligen Kombination aus Technik und Kraft, preßte den krummen Rücken gegen die eine Kaminwand, stemmte Hände, Knie und Füße gegen die andere und rutschte und robbte so empor, eigenartige Stöhnlaute von sich gebend, an Ruhestellen unkontrolliert mit dem Kopfe wackelnd und blöde lächelnd immerzu.

Niemand wußte etwas von Christofis' Herkunft. Irgendwann war er ins Dorf gekommen, irgendwann zum erstenmal, dann immer wieder. Er hauste in der Umgebung, mal hier, mal dort. Manche Nacht verbrachte er in geräumigen Höhlen am Fuße von Ambaria oder Bantowafels, in lauen Sommernächten schlief er auf dem weiten Plateau Platis Lithos unter dem unendlichen Sternenhimmel. Wenn jedoch Regen fiel oder, was nicht allzu oft vorkam, Sturm oder Schnee die Gegend heimsuchte, dann zog er sich dorthin zurück, wo die Metéoratürme am dichtesten stehen und wo er manchen von Büschen zugewachsenen Unterschlupf kannte, sicher vor Wasser und

Wind, und dank gesammelten Reisigs und einiger Arme voll Stroh auch an kalten Tagen halbwegs erträglich. Das wenige, was er zum Leben brauchte, fand er in den tiefeingeschnittenen Schluchten zwischen den grau-gelben Türmen: Beeren jede Menge, dazu allerhand Kleingetier, insbesondere Schlangen und Schildkröten, die gehäutet, beziehungsweise aus dem Panzer geschält und auf kleiner Flamme gebraten oder in kochendem Wasser gegart vorzüglich schmeckten.

Was er sonst begehrte, mußte er sich verdienen. Beim Bau des Klosters Doupiani hatte er geholfen, hatte Balken und Steine geschleppt und neben freier Verköstigung dafür auch einige alte Kleidungsstücke erhalten. Manchmal gaben ihm auch die Dorfbewohner von Metéora oder vom nicht allzu fernen Stagon Ziegen oder Schafe zum Hüten und entlohnten ihn mit der einen oder anderen Kleinigkeit, die ihm in seinem bescheidenen Dasein wertvoll erschien und es bisweilen auch war.

Das also war Christofis, der zuletzt zur versammelten Gemeinde stieß, ob seines heruntergekommenen Eindrucks von den Frauen belächelt, ob seines hinkenden und hüpfenden Ganges von den angetrunkenen Männern verhöhnt, ob seines Gesichtsausdrucks von den Kindern nachgeäfft. Aber weil er gar nicht anders konnte, lachte Christofis zu all dem mit, schien gar Freude daran zu haben, für einen Moment im Mittelpunkt zu stehen. Eine junge Frau, keine Schönheit, doch immerhin die Schönste von allen, nahm einem der Kinder den Spieß mit Herz und Lunge und Leber aus der Hand und reichte ihn dem kopfschüttelnden und dankbar gurgelnden Christofis. Gierig labte er sich an den noch nicht durchgebratenen, blutigen Innereien. Die Frau gab ihm dazu einen Krug mit Wasser, frischem, kühlem Wasser aus der nahen Quelle Avraki. Auch die Männer hätten ihm gerne etwas gereicht: Schnaps aus ihren ledernen Beuteln, und sie hätten ihre Wonne daran gehabt, wenn der Krüppel, durch den Alkohol aller Hemmnisse entledigt, getanzt hätte wie schon so manches Mal, hinkend, hüpfend, mit den Armen fuchtelnd, mit dem Kopf schlenkernd, stürzend, sich aufrappelnd, wieder stürzend, solange, bis er völlig erschöpft und der Bewußtlosigkeit nahe auf dem Boden liegen bliebe. Die junge Frau aber, die ihm zu essen und trinken gegeben hatte, stellte sich vor Christofis, ihre dunklen Augen funkelten, und mit wenigen Worten gelang es ihr, den übermütigen Männern Einhalt zu gebieten. Murrend wandten sie sich von ihrem auserkorenen Opfer ab, tranken und scherzten weiterhin unter sich, standen beieinander oder legten sich ins Gras und warteten, daß das inzwischen köstlich duftende Mittagsmahl mundfertig wäre.

Doch bis dahin sollten noch zwei Stunden vergehen. Zwei Stunden, in denen Christofis Bedeutendes vorhatte, was einzig und allein der Grund gewesen war, daß er sich nicht bereitwillig den feurigen Branntwein hatte einflößen lassen, dessen Köstlichkeit er sehr wohl kannte und den er auch zu schätzen wußte. Doch wußte er auch, daß Schnaps die Sinne benebelte, den Körper träge machte und die Glieder schlaff und schwach. Zustände also, die er bei dem Vorhaben an jenem Tag ganz und gar nicht gebrauchen konnte. Es war nämlich ein besonderer Tag. Nicht nur, daß Ostern war. Es war auch sein Tag, an dem er allen aus dem Dorf zeigen wollte, was für ein Kerl er wirklich war, trotz seines Buckels, trotz seiner ungleichen Beine und dem traurigen Umstand, daß ihm nie eine Frau in seine nächtlichen Höhlen folgen würde, nicht einmal eine von den zahnlosen Alten, die achtzig-, neunzig- oder hundertjährig mit Gleichmut die sich bräunenden Lämmer drehten. Dennoch: Er würde schon zeigen, was in ihm steckte, da würden sie dastehen und glotzen und staunen, und er wäre der Mann des Tages, und noch Generationen später würden sie von ihm und seiner großen Tat sprechen, vor allem an Ostern, wenn alle im Rauch der Feuer beisammenstünden.

Die Sache war nämlich die, daß vor nicht langer Zeit neue Mönche nach Metéora gekommen waren mit dem Ziel, ein weiteres Kloster auf einem der allseits kaum zugänglichen Felsen zu errichten. Ihre Wahl war auf den Alyssos gefallen, der sich über Stagon mit einer mehrere hundert Meter hohen senkrechten, überhängenden Wand erhob und, wenn überhaupt, einzig und allein von der Nordseite her erstiegen werden konnte. Beim Protos von Doupiani hatten sich die Mönche die Erlaubnis geholt, ein Kloster zu gründen, und waren nach der Genehmigung sogleich zur Tat geschritten. In der Nordflanke schien ein System von Rinnen und Rissen den leichtesten Aufstieg zum Gipfel des Alyssos zu vermitteln. Hier setzte das Häuflein Gottgeweihter an, raffte die schwarzen Kutten, entledigte sich der störenden Sandalen und krempelte die Ärmel hoch. Zunächst hatten sie armdikke Bäume gefällt, entastet und daraus eine notdürftige Leiter gezimmert. So gut es ging, waren die Sprossen mit Stricken an den Seitenstreben festgezurrt worden. Dann war diese Leiter gegen den steilen

Fels gelehnt und vom kühnsten der Mönche erklommen worden. Auf der letzten Sprosse stehend, hatte der die Aufgabe, ein tiefes Loch in den Fels zu hämmern, einen weit überstehenden Balken darin zu verankern und eine weitere Leiter auf eben diesem Balken zu befestigen. Wagemut, gepaart mit unendlichem Gottvertrauen, hatte dabei die frommen Männer ausgezeichnet.

Christofis hatte bald gemerkt, was da vor sich ging, und heimlich war er auf der Lauer gelegen, um dem guten Vorankommen dieser mutigen Klostergründer beizuwohnen. Meter um Meter wurde dem überaus steilen Gelände abgerungen, eine Leiter nach der anderen wurde auf Balkenlagern befestigt, und bald waren zwei Drittel des beschwerlichen Weges zurückgelegt. Dann aber setzten Probleme ein. Die Wand hing von da an über und verwehrte den Mönchen, so sehr sie sich auch plagten, jegliches Weiterkommen. Wenn einer resigniert die Leiterreihe hinabgeklettert war, hatte ihn ein anderer abgelöst, um es auf seine Weise zu versuchen, doch wollte es keinem gelingen, diesem Alyssos auch nur noch einen Meter abzuringen. Auch die inständigen Gebete derer, die keinen Fuß auf die Leitern zu setzen wagten, halfen nichts. Nach tagelangem vergeblichem Mühen hatte die Mönchsschar aufgegeben, hatte den Alyssos Alyssos sein lassen, war wieder in die Sandalen getreten und hatte sich auf den Weg gemacht, im Labyrinth der Metéorafelsen einen geeigneteren, sprich besser zugänglichen Platz für ihr Kloster zu erkunden.

Wie es der Zufall wollte, stießen die vom Erfolg nicht verwöhnten Mönche genau in dem Moment zur versammelten Metéoragemeinde, als Christofis gestikulierend, kopfpendelnd und schwer verständlich öffentlich kundtat, daß er vorhabe, noch bevor die Lämmer fertig wären, den Alyssos zu besteigen. Allein. Über die zurückgelassenen Leitern der Mönche und dann ohne Hilfsmittel weiter bis zum höchsten Punkt. Nur ein langes Seil würde er mitnehmen, ein selbstgeflochtenes Seil, das er für die Rückkehr zur Erde bräuchte.

Es dauerte eine Weile, bis sich die Anwesenden Christofis' Ausführungen gegenseitig übersetzt hatten, bis auch dem Letzten der Sinn seiner kehligen Laute gewahr wurde. Dann brach helle Aufregung aus. Die Männer schwenkten die halb geleerten Trinkbeutel über den Köpfen, sie hießen Christofis lebensgefährlichen Vorschlag gut, ihnen war dieses abenteuerliche Schauspiel willkommen. Die Frauen tuschelten, erhitzten sich im Gespräch, wurden lauter, erregter, nur die

Schöne bezog eindeutig Stellung, riet dem armen Teufel dringlich von seinem Vorhaben ab, freilich ohne Erfolg. Es war schließlich sein spezieller Tag. Würde er jetzt umkehren, er wäre noch mehr das Gespött der anderen geworden. Die Kinder, als sie richtig vestanden hatten, um was es eigentlich ging, stießen ein Freudengeheul aus. Nur die alten Weiber blieben kalt. Mit stoischer Ruhe drehten sie die Lämmer über der Glut. Sie wußten, daß auf dem Alyssos zwei große Gefäße standen, eines gefüllt mit Gold, das andere mit giftigen Schlangen, und daß kein Mensch dort oben etwas verloren habe. Sie wußten es von ihren Vorfahren und die wiederum von den ihren. Sie würden es nicht glauben, wenn Christofis die Besteigung gelänge, sie würden nichts von dem glauben, was er oben gesehen hätte, sie glaubten an die beiden Gefäße, an Schlangen und Gold. Und als die ganze Gemeinde in Bewegung geriet, halb von Christofis geführt, halb ihn vor sich herschiebend, da spuckte eine von den Alten verächtlich ins Feuer, und bald kreischten sie sich gegenseitig ihren Unwillen über solch unsinniges Tun zu.

Die Menge freilich ließ sich von diesem Gekeife nicht beeindrukken. Voran hinkte, seiner Sache sicher, Christofis. Eifrig und aufgeregt folgten jene Mönche, die sich vergeblich am Alyssos versucht hatten und nunmehr neue Hoffnung schöpften, Hoffnung, daß ihnen ausgerechnet dieses verkrüppelte Männlein den Weg zum Gipfel bereiten würde. Dahinter kam das Volk, einer hinter dem anderen, denn der Pfad, der hinaufführte zur Adrachti, einer spindelförmigen, etwa fünfzig Meter hohen Felsnadel, war schmal und von stechendem Macchiagesträuch gefaßt. Die Kleider der Frauen verfingen sich immer wieder im Gestrüpp, die unvorsichtigen Kinder ritzten sich die Haut an Dornen oder bekamen Striemen ab vom Astwerk, das in den Weg wucherte. Den Schluß bildeten die Mönche von Doupiani und zwei alte Männer, die sich mit selbstgeschnitzten Gehstöcken den Weg bahnten, mal rechts, mal links ins Gesträuch hieben und so langsam aber doch unaufhaltsam dem seltsamen Zug an diesem Ostersonntag zu folgen vermochten.

Bis zur Felsnadel hielten sich die Unannehmlichkeiten in Grenzen. Von dort aber bis zu den hölzernen Leitern der Mönche gab es nichts, was als Pfad hätte bezeichnet werden können, und das Durchdringen des dichten Gestrüpps war voller Mühsal und Beschwer. Man mußte Hindernisse überklettern und auf allen Vieren unter verfilztem

Wuchs hindurchkriechen. Schlangengewandt mußte man sein und so tun, als habe man Schildkrötenpanzer auf dem Körper, als könnten Stacheln, Dornen, dichtes Gestrüpp einem nichts anhaben. Christofis suchte den besten Durchschlupf, und gegenseitig halfen sich die Neugierigen, die Schaulustigen, die sich von dem bevorstehenden Spektakulum nicht abbringen lassen wollten. Die alten Männer blieben zurück, auch ein paar Frauen mit Kindern und ein Mann, dem es die Sache nicht wert war, derartige Mühe in Kauf zu nehmen und sich dabei auch noch ganz ordentliche Blessuren zuzuziehen. Die anderen aber erreichten alle die Scharte zwischen Modi und Alyssos, und sie legten ungläubig die Köpfe in die Nacken und folgten mit ihren Blikken der kühnen Steiganlage der Mönche und konnten nicht glauben, daß Christofis es gelänge, über die letzte Sprosse hinaus zu steigen, empor in einem düsteren Riß, überhängend gipfelwärts.

Auch Christofis prüfte noch einmal das Gelände, schaute hinauf zu Leitern und Riß, sammelte sich innerlich, bündelte gleichsam Kraft und Mut und ließ sich dabei vom Durcheinandergeschrei um ihn herum, von den aufgeregten Rufen, den lebhaften Diskussionen, dem Her, dem Hin nicht im mindesten beeindrucken. Nach einigen Minuten des Verschnaufens trat Christofis an die erste Leiter, das zusammengerollte Seil hängte er sich über Schulter und Brust, er schaute noch einmal in die Runde, schaute in Gesichter, aus denen die Heiterkeit gewichen war, sah zahllose dunkle, ernste Augenpaare, angespannte Züge, Frauen, die Angst hatten, und Männer, die sich verlegen an den buschigen Schnurrbärten zupften, sah all dies und stieg los, nahm die erste, die zweite, die dritte Sprosse und bemerkte schon nicht mehr, daß es still geworden war.

Niemand sprach mehr, alle schienen den Atem anzuhalten, jeder starrte gebannt auf Christofis' Bewegungen. Und die wurden schneller mit jedem Meter, wie übermütig hangelte er sich an den wackligen Konstruktionen der Mönche empor, nichts war mehr zu bemerken von seinen körperlichen Behinderungen. In kürzester Zeit war er am Ende der gewagten Leiternreihe angekommen. Er schaute nach oben, wo der Weiterweg überhing, er schaute nach unten, wo die Menschen mit offenen Mäulern standen und erwartungsvoll zu ihm hinaufblickten. Seine nächsten Schritte würden über Anerkennung oder Hohn, Sieg oder Niederlage, Leben oder Tod entscheiden. Christofis zögerte lange. Er streckte sich auf der letzten Sprosse stehend, prüfte die kleinen Kiesel, trat mit einem Bein höher, versuchte es, ließ sich wieder ab zur vermeintlichen Sicherheit des hölzernen Gestells.

Mehrmals ging das so. Dann gab er sich einen Ruck, zog sich an den Armen hoch, seine Finger umkrampften kleine Griffe, schob mit seinen ungleichen Beinen nach, tastete mit seinen nackten Füßen über den Fels, fand kleine Tritte und wußte, daß es nun kein Zurück mehr gab. Die unten sahen ihn wie eine Spinne am Fels kleben, Arme und Beine weit gespreizt, sich ruckweise um nur weniges höher schiebend. Den meisten war es Gewißheit, daß ihn dieser Berg abschütteln werde, daß Christofis die Kräfte verließen und er wie ein Stein zu Boden fiele. Instinktiv räumten sie den Platz, wo Christofis' Körper aufschlagen würde. Gleich, gleich müßte es soweit sein. Doch statt eines Sturzes sah die Gemeinde, wie Christofis das überhängende Wandstück bewältigte und seinen unförmigen Körper nun zur Hälfte in dem düsteren Riß verkeilte. Stemmend und spreizend arbeitete er sich in dem abdrängenden Riß empor, sein Keuchen und Stöhnen hallte vom nahen Modi wider und erreichte verstärkt die Ohren der Zuschauer.

Christofis verausgabte sich bis zum äußersten. Er klemmte mit einer Schulter, schob mit Händen, Knien und Füßen, schabte mit dem Hinterteil und hatte unablässig Angst um sein Leben. Ihm war übel vor Anstrengung, und um ein Haar wäre er auch wirklich noch gestürzt, als ihm Knie und Füße an der glatten Wand des Rißkamins durchrutschten und er sich nur mit letzter Mühe fangen konnte, indem er seinen runden Oberkörper zur Kugel formte und sich schmerzhaft zwischen den Wänden verkeilte. Doch Christofis schaffte es. Er rutschte und schob sich höher und höher, bis sich die Wand zurücklehnte, flacher und leichter wurde und er aus dem Blickfeld der Menge entschwand. Aufregung machte sich unten am Wandfuß breit. Wohin war Christofis verschwunden? Was war geschehen? Kein Lebenszeichen war zu sehen, keins zu hören. Furcht kam auf, und allerlei böse Ahnungen machten die Runde. Schließlich hatte jeder gewußt, daß dieses Unterfangen nicht gut enden konnte.

Christofis aber stand auf dem Gipfel des Alyssos. Eine weite begrünte und felsdurchsetzte Fläche empfing ihn dort oben. Sie war bewachsen von vereinzelten kräftigen Macchiasträuchern und geziert mit einer vielfarbigen Blumenpracht. Christofis stand auf dem Alyssos, und sein Kopf fiel vor Aufregung in den Nacken und wieder auf die Brust.

Schmutzgeier flogen auf und reckten, über den Eindringling verärgert, die langen, häßlichen Hälse. Drunten im Tal wälzte sich träg der Pinios in seinem breiten Flußbett. Dreckigbraunes Wasser zeigte an, daß die Schneeschmelze in den Pindosbergen, die noch weiß herüberstrahlten, eingesetzt hatte. Denn die Sonne hatte schon viel Kraft und sie brannte Christofis auf das zerzauste Haupt. Er riß den Mund auf, trank die Luft, das Licht, die Wärme, er tanzte einen eigenartigen Tanz, vollführte wilde Sprünge, drehte sich wie ein Kreisel, schlug Purzelbäume, sprang noch einmal hoch, drehte, drehte, drehte sich, drehte sich, bis er endlich schwer atmend zwischen roten und weißen Anemonen liegenblieb. Eine rote riß er ab, roch daran, führte die Blütenblätter an seine Lippen, liebkoste sie und aß sie schließlich auf mit Genuß.

Geraume Zeit verbrachte Christofis auf dem Alyssos und kostete den größten Triumph seines Krüppellebens nach Kräften aus. Erst als ihn der Hunger nach gebratenem Lammfleisch und der Durst auf Wein und Schnaps überkam, machte er sich an den Abstieg. Er befestigte sein geflochtenes Seil um den zähen Stamm eines kräftigen Macchiabusches, zerkaute eine letzte rote Anemone und ließ sich behutsam in den düsteren Schlund hinab, durch den er zum Gipfel gestiegen war. Viel »Ah« und »Oh« löste sein Erscheinen bei den Menschen am Wandfuß aus, die mit der Gewißheit, daß Christofis etwas zugestoßen und ihm nicht zu helfen sei, soeben den Rückweg ins Dorf antreten wollten. Er wurde, als er nach gefährlichem Seilmanöver und raschem Abstieg über die Leitern unten ankam, als buckliger Held gefeiert. Und am meisten freuten sich jene Mönche, die dank seines zurückgelassenen Seiles den Alyssos nunmehr erreichen und oben auf dem Gipfel ihr Kloster errichten konnten. Christofis genoß sein Ansehen an diesem Ostertag in vollen Zügen, ließ sich das Lammfleisch schmecken, berauschte sich an harzigem Wein und reichlich Schnaps und hätte am nächsten Tag schon nicht mehr mit Bestimmtheit sagen können, ob er wirklich am Alyssos gestanden war.

Das Kloster Alyssos aber entstand und verging wieder im nächsten Jahrhundert. Christofis jedoch entschwand in den Nebeln der Vergangenheit. Denn die undankbaren Mönchlein überlieferten nichts von seiner großen Tat. Schnell machten sie vergessen, daß dieses Kloster auf dem krummen Rücken eines Krüppels erbaut worden war.

Petrarca starb bei Padua

Des Dichters letzte Erinnerungen an seine Besteigung des Mont Ventoux

Er fühlt, daß er stirbt. Er fühlt es mit solcher Intensität, daß jeglicher Zweifel ausgeschlossen ist. Er weiß nicht, ob ihm noch Wochen, Tage oder auch nur Stunden bleiben, aber er weiß mit letzter Gewißheit, daß sein Ende bevorsteht. Bestürzung? Nein. Verzweiflung? Nein. Angst? Nicht viel. Verwirrung, ja, Verwirrung scheint der richtige Ausdruck zu sein für den Zustand, in den ihn diese plötzliche Erkenntnis versetzt hat. Dabei, und er muß fast lächeln bei diesem Gedanken, dabei ist es mit der Plötzlichkeit gar nicht so weit her. Gab es nicht Vorzeichen genug in letzter Zeit, die, hätte er sie nur richtig aneinandergereiht, nur richtig bedacht, zweifelsfrei früher schon zu der Einsicht dieses Abends geführt haben würden. Hatten nicht in der ersten Hälfte des Jahres 1374 seine Kräfte allmählich nachgelassen, waren nicht die Zeiträume der Müdigkeit immer größer, die der körperlichen und geistigen Aktivität aber immer kleiner, kürzer geworden? War er nicht manches Mal, was früher nie geschehen wäre, über der anregendsten Lektüre eingeschlafen, zusammengesunken im ledergepolsterten Lehnstuhl, wie betäubt am hellichten Tag und nur mühsam aus einem schweren Schlaf wieder erwacht, einem Schlaf der, in der Rückbesinnung sah er es ganz klar, zur engen Verwandtschaft jenes Todes gehörte, der nun vor der Tür seines Palazzo stand und sich anschickte anzuklopfen und unaufgefordert einzutreten. Hatte er nicht erst am 4. Juni an seinen Freund Giovanni Boccaccio, den Dichter des Decamerone, nach Florenz geschrieben, ihm den Verdruß mit den Briefboten beklagt, das Verschwinden einiger Sendschreiben bedauert, zugleich aber auch seine Müdigkeit in Sachen Schreiben eingestanden, erstmals nach außen hin kundgetan, daß auch er im Alter Tribut zu zollen habe und seinen Brief mit den Worten beschlossen: Nun lebet wohl ihr Freunde, lebt wohl auch, ihr Briefe! Zwischen den euganeischen Hügeln, Francesco Petrarca.

Ja, jetzt fiel es ihm wie Schuppen von den Augen, daß er im Unbewußten sein Ende geahnt und instinktiv seine Dinge geordnet hatte. Abschied von den Freunden, Abschied von den Briefen. Abschied auch von der Dienerschaft, die er vor wenigen Stunden ohne Angabe von Gründen und scheinbar auch grundlos nach Hause geschickt hatte. Er wollte allein sein. Allein mit sich und dem Haus, den weiten hohen Räumen, den Feuern in den großen Kaminen, allein mit Büchern und Gedanken. Das war am Nachmittag, und jetzt am frühen Abend ist Petrarca allein in seinem Haus, allein mit dem Wissen um den baldigen Tod, allein mit sich und seinen Erinnerungen.

Er begibt sich in sein Arbeitszimmer, wo auf langem, hölzernem Tisch Bücher sich stapeln, wo zahlreiche mit Zeilen und Worten gefüllte und noch viel mehr unbeschriebene Bögen feinen Papiers aus dem französischen Troyes und dem italienischen Fabriano den Dichter erwarten, wo handgeschrieben, handkoloriert, schwer und schweinsledergebunden eine Bibel liegt, alt wie Petrarca, faltig und abgenutzt, ihn überlebend jedoch um einiges. Bevor sich Francesco Petrarca zum letzten Mal in seinen Stuhl am Arbeitstisch setzt, legt er reichlich Holz in das Feuer des Kamins, dessen Abzugshaube genauso wie das obere Drittel der Zimmerwände von prachtvollen Fresken geziert ist, und holt sich, weil ihn immer noch fröstelt, eine Decke, um sie über Schoß und Beine zu legen. Die Kapuze seines Gewandes zieht er über den Kopf, denn im Kamin brennt nun ein kräftiges Feuer, das von reichen Luftströmen genährt sein will und zugleich angenehme Wärme erzeugt und unangenehmen Luftzug entstehen läßt.

So also sitzt Petrarca am Abend des 17. Juli 1374, drei Tage vor seinem siebzigsten Geburtstag, in seinem Haus in Arquá und blättert wahllos in seinen Schriften, schlägt Bücher auf, liest Sätze an, blättert weiter, betrachtet kunstvolle Illustrationen, klappt wertvolle Einbände zu, neue auf und gibt sich allmählich ganz der Vergangenheit hin, die beim Blättern und Lesen lebendig zu werden beginnt. Lebensstationen vergegenwärtigen sich, zeitlich und in ihrer Bedeutung ungeordnet, vieles, was dazu beitrug, Petrarcas fast siebzigjähriges Leben ein ausgefülltes sein zu lassen, taucht in der Erinnerung noch einmal auf. Die Kindheit im Süden Frankreichs, das Studium der Juristerei in Montpellier und Bologna, der Empfang der niederen priesterlichen Weihen in Avignon. Die Freundschaft mit dem jungen Kardinal Giovanni Colonna, die Freundschaft mit Boccaccio, die Arbeit am Epos »Africa«, die Prüfung in Rom, die er bestand und die ihn zum gekrönten Dichter der Römer werden ließ. Das Pestjahr 1348, der Tod Colonnas, der Landsitz in der Vaucluse, die Gespräche mit Kaiser Karl IV., die Reisen, die Landschaften, die Städte, die Menschen hier, die Menschen dort. Die Frauen, die ledigen Töchter, die Ehrungen, die Würdigungen, Lobreden. Die zahllosen Freudentage, die zahllosen Tage des Leids. So erinnert sich der Dichter Francesco Petrarca in dieser Nacht, die ihn schwächer und schwächer werden läßt, ihm die natürliche Gesichtsfarbe in ein fahles Grau verwandelt, die Lippen verschmälert und bläulich verfärbt, die müden Augen rötlich rändert. Und im Verlauf dieser Nacht, des Dichters letzter Nacht, keimt auch die Erinnerung an seine Besteigung des Mont Ventoux in der Provence noch einmal auf, ein Erlebnis besonderer Art, ohne sich freilich mit den eigentlichen Höhepunkten seines Lebens messen zu können.

Es war an einem Tag im April 1336. In Begleitung seines jüngeren Bruders und zweier Diener brach Petrarca von dem kleinen Ort Malaucène auf, um den Gipfel des Mont Ventoux, jenes Berges, in dessen Schatten er aufgewachsen war und der von jeher eine eigentümliche Faszination auf ihn ausgeübt hat, zu ersteigen.

Hustenreiz und ein kurzer Anfall unterbrechen die Erinnerungen an die Bergtour. Wo ist er stehengeblieben? Richtig, am Mont Ventoux, dem Berg der Provence. Was war letztlich ausschlaggebend dafür, eben an jenem Frühjahrstag aufzubrechen? Irgend etwas hatte er gelesen, etwas, was von Bergen handelte, was seinen Geist beflügelte und letztlich auch seinen Körper in Bewegung versetzte. War es in der römischen Geschichte die Sage vom Makedonierkönig Philipp, der in Thessalien den Berg Hämus bestiegen haben soll, um von dort oben das Adriatische und das Schwarze Meer zu sehen? Waren es seine Zweifel am Götterberg Olymp und am heiligen Berg Athos, Berichte von unvorstellbaren Höhen, Himmelsnähe und Aussichten bis an unglaublich ferne Horizonte? Petrarca zieht sich die schweinsledergebundene Bibel heran und blättert im Alten und im Neuen Testament. Waren es die biblischen Berge, die seine Phantasie entzündet hatten, allen voran der Gottesberg, auf dem Moses vom Herrn die steinernen Tafeln mit den Zehn Geboten entgegennahm? Petrarca weiß es nicht mehr. Der eigentliche Auslöser der Mont-Ventoux-Besteigung ist ihm achtunddreißig Jahre danach entfallen. In einem Brief hatte er gleich nach Rückkehr vom Berg dem Theologen Francesco Dionigi in Paris Mitteilung von dem Unternehmen gemacht. Da würde mehr darüber zu finden sein. Aber Dionigi war lange tot.

Es kostet Petrarca viel von seiner letzten Kraft, sich des Bergsteigens in der Provence zu erinnern. Zögernd nur lichten sich die Nebel, die sein Gedächtnis umhüllen, die weniger Wichtiges und Bedeutsames in Vergessenheit geraten ließen.

Zuerst taucht ein Gesicht aus dem Trüben, das faltige, runzlige Gesicht eines uralten Hirten mit Mundfäulnis, der wortreich Petrarca und seine Begleiter von ihrem Vorhaben abbringen wollte. Jahrzehnte zuvor habe er selbst den Gipfel erstiegen und – jetzt erinnert sich der sterbende Dichter an diese Worte genau – nichts von da heimgebracht als Reue und Mühe und von Felskanten und spitzem Dorngestrüpp zerrissenen Leib und Rock. Nichts hat der Alte davon gewußt, daß vor ihm oder nach ihm andere den Mont Ventoux bestiegen hätten. Laßt ab, laßt ab, beschwor er die Entschlossenen.

Wie es so ist beim Sich-Erinnern, vermag bisweilen eine Begebenheit die nächste in Gang zu setzen, die Handlung ins Rollen zu bringen und fast lückenlos eine Geschichte aus der Vergangenheit nachzuerzählen. Bei Petrarca werden klare Bilder lebendig, Einzelheiten wie Farben, Formen und Gerüche kehren wieder, als lägen sie nicht fast vierzig Jahre, sondern höchstens eine Woche zurück.

Bei dem Hirten ließen die vier Bergsteiger alles zurück, was sie nach seinem Rat für ihren Weiterweg nicht unbedingt brauchten, auch zeigte ihnen der Alte, nachdem er sie schon nicht halten konnte, durch dichtes Gestrüpp und felsige Hindernisse das beste Durchkommen. Dann waren sie auf sich gestellt, mußten sich selbst durchschlagen zum Gipfel des Mont Ventoux, wohin kein Weg führte und nur Lichtungen im Gesträuch und vereinzelte Hirtenpfade und Wildspuren die grobe Richtung wiesen.

Oh, wie war das Besteigen eines Berges voll Beschwer. Ständig ging es steil bergan, und es bedurfte starker Willenskraft, die anstrengenden Schritte wirklich auch nach oben zu lenken, wo doch das schwache Fleisch stets nach bequemeren Wegen suchte, waagrecht die Hänge traversierte, ohne auch nur einen Höhenmeter zu gewinnen, mehr noch: sich immer wieder verleiten ließ, leicht, fast unmerklich bergab zu gehen, bergab ohne Mühen, und Gipfel Gipfel sein lassend. Wie träge war doch der Körper, wie sehr mußte man ihn zwingen etwas zu tun, was ihm scheinbar ganz und gar gegen die Natur ging.

Nie hätte Petrarca den Gipfel erreicht, wäre er nicht in Begleitung von Bruder und Dienern gewesen, deren körperliche Konstitution ihnen steileres und ausdauernderes Steigen erlaubten. Sein Bruder verlachte ihn, wenn er weit zurückblieb, und unter dem Vorwand, einen besseren Weg zu suchen, nichts anderes tat, als die Mühsal des Aufsteigens wenn schon nicht zu vermeiden, so doch immer wieder hinauszuzögern. Und auch die Diener – aus der Entfernung hatte er zumindest den Eindruck – schienen nur schwer ein hämisches Grinsen unterdrücken zu können. Es war ärgerlich, dieser Bande hinterdrein zu stapfen, ärgerlich und ermattend. Und doch war es gerade dieser Ärger, der Petrarca veranlaßte, sich zusammenzunehmen, sein Phlegma zu überwinden, dem inneren Schweinehund einen Tritt zu geben. Er holte seine wartenden und mittlerweile ausgeruhten Begleiter wieder ein, vermochte ihnen erneut nicht lange zu folgen, weil ihm keine Ruhepause vergönnt war, wieder warteten sie, wieder stieß er zu ihnen, so ging das, bis sein Gehen sich vom Denken trennte, bis seine Beine sich bewegten, und zwar bergwärts bewegten, ob er selbst nun sonderlich wollte oder nicht. Gab es dennoch einmal Anflüge von Umkehrlust, von Begierde nach dem Bequemen, dann genügte es nunmehr sich leise vorzusagen, daß der Gipfel das Ende aller Dinge und des Weges Ziel sei, daß auch das als selig bezeichnete Leben auf hohem Gipfel liege und nur durch schmalen Pfad erreicht werden könne, daß also ein jedes Dasein das Streben nach schier unerreichbaren Höhen ohnehin zur Aufgabe haben müsse, warum also hier, am Mont Ventoux, warum hier in der Provence klein beigeben, wo selbst ein Hirte, unbedarft und ohne geistige Beweggründe, oben gewesen sein soll, ganz oben über weitem Land. Ovid hatte schon recht; Wollen, das reicht nicht aus, Verlangen erst führt dich zum Ziele. So also erreichte Francesco Petrarca am 26. April 1336 unter Überwindung am Morgen noch ungeahnter Widerwilligkeiten die Hochfläche am Gipfel des 1909 Meter hohen Mont Ventoux, eines Berges, der für sich selbst gesehen kaum nennenswerte Schwierigkeiten bot, lediglich Ausdauer und ein wenig von Ovids Verlangen erforderte.

Die Diener breiteten Decken aus, auf denen man sich hätte niederlassen können. Aber Petrarca verlangte im Augenblick nicht nach Gesellschaft, nicht nach Speise und Trank, nicht nach Konversation. Er wunderte sich selbst darüber, daß ihn nicht einmal nach Wasser oder Wein dürstete, hatte doch im Aufstieg unangenehme Trockenheit Rachen, Gaumen, Mund belegt, den Speichel klebrig gemacht und die Lippen krustig. Doch welcher sehende Mensch konnte in diesem Moment, wo Erlösung vom anstrengenden Steigen mit phänomenalem optischem Eindruck zusammenfiel, welcher Mensch konnte und mochte da an seine niedrigen Bedürfnisse denken, hören auf das leise Rumoren des Magens und auf das kaum vernehmliche Verlangen des Blutes, neue Nahrung, reichlich Flüssigkeit zugeführt zu bekommen. Petrarca entfernte sich einige Schritte von den anderen, weit genug, um kaum noch etwas von ihrem Reden, vom Auspacken der mitgebrachten Verköstigung, vom lauten Appetit zu vernehmen. Petrarca schaute nur. Er hatte sich an diesem Tag eine neue Sicht der Welt erobert. Und das Wort erobern paßt gut auf das Geschehnis; in diesem Wort nämlich ist das Wörtchen oben enthalten und von eben da, von oben, sah er nun einen Teil der Welt, sah sie wie ein Vogel, der im Fluge innezuhalten vermochte, sah sie neu und fremd und trotz aller angelesenen Vorahnungen überraschend und beeindruckend bis ins Zentrum seines Herzens.

Die tieferen Lagen waren wolkenbedeckt. Ein hellgraues Tuch schien locker über der Landschaft zu liegen, es wölbte sich an manchen Stellen, war eingedellt hie und da und franste aus in nicht allzuweiter Ferne, freigebend das Darunterliegende, Hügel und Ebenen, Flußläufe, Seen und im Süden sogar den langgezogenen Streifen, wo das Wasser des Meeres und der Boden des Festlandes sich unablässig trennten und vereinten wie zwei unentschlossene Liebende.

Doch mehr als all dies wurde Petrarcas Aufmerksamkeit von den Gebirgen in Bann geschlagen: Schneebedeckt und eisstarrend die Alpen, getrennt von seinem Standpunkt durch viel flaches Land und zahllose unbedeutendere Erhebungen, getrennt durch geraume Distanz und doch zum Greifen nah. Wäre es vorstellbar, daß eines Tages ein solcher eisiger Erdenriese von Menschen bestiegen würde, daß Wagemutige, was heißt Wagemutige, daß Tollkühne kämen und sich daran versuchten? Wer könnte dies sagen. Doch wie auch immer: Solches Tun wäre in jedem Fall mit Gotteslästerlichkeit verbunden, hieße Gott herausfordern und könnte wohl kaum vom Erfolg gekrönt sein.

Hier also im Osten die Alpen, mit Bergen, die auf italienischem Boden standen, jenem Land also, das Petrarcas Herkunftsland war und seine geistige Heimat blieb. Wehmut beim Blick in die Ferne. Im Westen dagegen die weniger kühnen Gebirge der Provinz Lyon und weiter südlich ein markanter Kamm, der in seiner vielgestaltigen Form einer Miniaturausgabe der Alpen gleicht. Den Grenzwall aber zwischen den gallischen Landen und Hispanien, die Pyrenäen sah Petrarca, sosehr er seine Augen auch bemühte, nicht. Irgendwo im Dunst stieß gebirgig Hoheitsgebiet an Hoheitsgebiet. Während nun eine unklare Atmosphäre den Horizont verschleierte, lichteten sich die Nebel im Gebiet des Mont Ventoux.

Gut erkennbar floß breit die Rhone gegen Süden, wo sie unweit des Golfes von Marseille in den Ozean mündete. Und, täuschte er sich oder durfte er seinen Augen trauen, war da nicht wenig westlich des großen Flusses jener Golf, der gegen Aigues-Mortes brandet, jener Stadt der toten Wasser, bis ins letzte Jahrhundert Ausgangspunkt von Kreuzzügen. Klein war diese Stadt und rechtwinklig angelegt, und zehn Tore führten in sie hinein oder aus ihr hinaus, und fünfzehn Türme ragten aus den wehrhaften Mauern. Stadt, Tore, Türme freilich sah er nicht. Schließlich war Aigues-Mortes einige Tagesreisen entfernt.

Petrarcas Bruder trat zu ihm heran, erkundigte sich nunmehr ohne Spott nach seinem Befinden. Petrarca hatte ein handtellergroßes Büchlein aus einer Tasche seines Rockes gezogen, ihm war der Sinn nach einem Quentchen geistigen Gutes hier in der ungewohnten Höhe, er schlug es an irgendeiner Stelle auf und las, weil nunmehr auch sein Bruder hören wollte, einen zufälligen Satz daraus vor: »Und es gehen die Menschen, zu bestaunen die Gipfel der Berge und die ungeheuren Fluten des Meeres und die weit dahinfließenden Ströme und den Saum des Ozeans und die Kreisbahnen der Gestirne, und haben nicht acht ihrer selbst.«

War dies nicht ein Fingerzeig Gottes, der da aus den Worten Augustins sprach? War dies nicht Grund genug, sich abzukehren von irdischer Schönheit, von Aussicht, Fernsicht, Rundsicht, und sich darauf zu besinnen, daß neben der Seele nichts zu bewundern ist, daß nichts groß ist neben ihrer Größe? War dies nicht berechtigter Anlaß, sich schweigend an den Abstieg zu machen und ohne die tiefgelegene Welt auch nur noch eines einzigen schweifenden Blickes zu würdigen, sich auf sich selbst zu beschränken? Absteigen war leicht. Es bereitete Petrarca weit weniger Mühen als der lange Aufstieg zum Gipfel. Körperlich war es kein sonderliches Problem. Gewiß, es schmerzten die Füße, es schmerzten die Unterschenkel, ein wenig auch die Knie, ein wenig auch das Kreuz. Das eigentliche Problem aber lag im Kopf. Denn Petrarca machte sich nunmehr selbst Vorwürfe, sich zum Mont Ventoux verstiegen zu haben, mit diesem sinnlosen Tun, dieser anstrengenden Spielerei draußen und droben vergeblich gesucht zu haben, was er in seinem Innersten hätte finden müssen. Schließlich wäre die Zeit und die Kraft besser angelegt gewesen beim Versuch, statt irdener Höhen die von irdischen Trieben geblähten Begierden unter den Fuß zu bekommen.

Blähen aber, allzu irdisches Blähen, riß ihn während des Abstiegs aus seinen philosophischen Gedanken. Die ungewohnt reichliche Bewegung hatte einen derart intensiven Stuhldrang bei ihm hervorgerufen, daß das Verrichten dieses sehr menschlichen Geschäftes nicht bis zur Rückkehr in Malaucène aufgeschoben werden konnte. Petrarca ließ sich gegenüber seinen Begleitern allmählich zurückfallen, verließ den hier schwach ausgeprägten Hirtenpfad und verschwand im Dickicht. Stachliges Gesträuch kratzte sein entblößtes Hinterteil, und bald umschwirrten tausend hungrige Fliegen seinen üppigen Haufen.

Mit dieser Erinnerung kehrt Petrarca zurück in die euganeischen Hügel, nach Arquá, in sein Haus, sein Arbeitszimmer, wo das Kaminfeuer nur mehr glimmt, an seinen Tisch, in den letzten Rest seiner Gegenwart. Kehrt deshalb zurück und denkt nicht zu Ende, weil es ihn wundert, seit wohl vielen Stunden in seinem ledergepolsterten Stuhl zu sitzen, ohne nur das geringste Bedürfnis nach Entleerung der Blase oder des Darms verspürt zu haben.

Draußen dämmert ein neuer Tag. Francesco Petrarca stirbt. Sein Körper ist bereits ohne Leben. Die Beine sind taub, die Arme ohne Gefühl, die Blase gibt keine Zeichen mehr, und das Herz schlägt nur noch selten und ohne zählbaren Rhythmus. Im Zimmer wird es kühl. Petrarca spürt es nicht mehr. Draußen, im Freien, in der erwachenden Natur, geben die Vögel ein vielstimmiges Morgenkonzert. Er hört es nicht mehr. Frühes Licht gibt der Landschaft Kontur, das sieht er noch. Nur die Augen haben noch einen Rest Leben. Jetzt formt das Licht den Monte Cero zu einem freistehenden, ebenmäßigen Kegel. Ein eigenwilliger und eigenwillig schöner Berg. Ein bißchen erinnert er an den provenzalischen Mont Ventoux. Petrarca versucht zu lächeln. Ein bißchen nur, nur noch ein bißchen, auch wenn es die allerletzte Kraft verbraucht. Dann kippt sein Oberkörper nach vorne, sein Kopf schlägt dumpf, doch schmerzlos in die offenen Seiten der handgeschriebenen und handkolorierten Bibel. Nun lebet wohl, ihr Freunde. Petrarca ist tot. Bleiben werden seine kleinen und großen Worte.

Klokner

Kleines Spiel über Altgraf und Fürstbischof Salm-Reifferscheid und sein Betreiben der ersten Besteigung des heute als Großglockner weithin bekannten Berges

I

ERSTE STIMME
Ehern rattern die Räder der Kutschen,
Hufe schlagen gemächlichen Trab.
Reist an der Fürst aus Klagenfurt,
drei Tage im Regenstakkato.
Fährt durch graunasses Wolkenspalier
fröstelnd nach Heiligenblut.

ZWEITE STIMME
Was,
frag ich,
was um des Himmels willen
bewegt den hochwohlgeborenen Mann
Behaglichkeit zu missen?
Zu durchfahren die Unbill solcher Region?
Sich zu begeben in rußgesichtige,
düsterseelige Bergknappengesellschaft?
Was,
frag ich,
was um des Himmels willen
verlangt ihn nach Heiligenblut?

MARTIN KLOTZ
Oho, oho.
Nie gehört vom Berg überm Dorf,
adlersschnabligem Doppelspitz?

Mit der Alpingeschichte verhält es sich wie mit diesem Riß im Urgestein. Immer dünner wird das Wissen um die Begebenheiten im Laufe der Zeit. Ein paar Fakten bleiben, meist nicht viel mehr. Der Rest verliert sich in der Vergessenheit. Lebendige Alpingeschichte bedarf der Phantasie!

Einst Thron der Götter aus Eis und Fels.
Unersteigbarer Berg, sprödes Weib,
Klokner heißt sie,
und weist ab und lockt und verstößt und
ruft.

SEPP KLOTZ
Ja, ruft.
Ruft des Nachts,
leise und lockend,
und ihre Stimme kommt mit den
Kloknerwinden zu Tal.

MARTIN KLOTZ
Der Wind füllt alles.
Faucht krallig durch nachtschwarze Gassen,
schmiegt schnurrig und buckelnd ums Haus.
Findet Ritzen, offene Fenster, auch nur
Dachziegel, lose.
Bläht die Betten der Schlafenden.
Dringt in Nasen und Ohren und Träume.
Gletscherwind von der Kloknerspitze
bringt den Ruf dieses unentschlossenen Weibes,
leise und lockend,
komm,
komm zu mir.

FRANZ HOLZKNECHT
Nun trifft er ein,
der erhabene Herr.
Er und die Seinen.
Auf den Berg will er steigen,
ich geh mit ihm,
will ich meinen.

Der Felsenwald. Im nordgriechischen Metéora ragen kühne Felsgestalten in den Himmel. Kann es sein, daß hier schon im 14. Jahrhundert der IV. Schwierigkeitsgrad bewältigt worden ist?

Das bringt mich fort von Frau und Heim
für ein paar Tag.
Gott sei's gedankt.
Oben im ewigen Eise,
will erlaucht ich sein
in erlauchtem Kreise.

Erste Stimme
So fährt der fürstliche Wagenzug ein
nach Heiligenblut.
Die Kleinhäusler am Rand
stehen barfüßig im Schlamm
und winken mit dreckigen Pfoten
Bewunderung und Verachtung.
Am Dorfplatz hat sich alles versammelt.
Den Häusern sind Fahnen wie Servietten
um die prallen Wänste gebunden,
Hochrufe durchschneiden tiefes Wolkengehäng,
das zu schlucken droht den Klang der vollen Glocke,
die stierhodengleich baumelt in berghoher Spitze.
Dicht an dicht drängt sich die Menge.
Männer und Frauen,
Alte und Junge,
Kräftige und Sieche,
Häßliche und Schöne,
Pferde und Ochsen,
Hunde und Katzen,
Hühner und Dohlen,
alle schauen.

Zweite Stimme
Ist's der Quartiermacher,
der hoch zu Roß
als erster den demutsvollen Dorfplatz erreicht?
Vor dem die Menge sich beugt
wie das Getreide im strengen Wind aus West?
Hört,
hört, was er uns sagt.

Quartiermacher
Melden will ich euch
das Kommen
seines durchlauchtigsten Herrn
des Fürstbischofs Altgraf Salm-Reifferscheid,
der einkehren wird in Heiligenblut
zum Behufe
einer Besteigung jenes Klokner genannten Berges,
jener erhabenen Erhebung,
von der es Unzahlen von Geschichten gibt,
deren edelste und reinste aber schon bald
als die von der erfolgreichen Besteigung der
höchsten Bergesspitze weithin erzählt sein wird.

Zweite Stimme
Warum lacht die Menge?
Was stimmt sie heiter?

Erste Stimme
Des Quartiermachers Roß,
saht Ihr es nicht,
ließ zur Rede seines Herrn
dampfende Äpfel fallen,
und in ihrem darmwindungswürzigen Aroma
schwebt schwebfliegengleich ein Hauch von Aristokratie.

Quartiermacher
Des Fürstbischofs und Grafen Gefolge
gehören an:
der Generalvikar und Physikus von Hohenwart,
der die Zahl der Sterne kennt
und ihre wirrnisreichen Wege am finstren Firmament,
sowie
der Botanikus Baron von Wulffen,
Sproß einer tausendblättrigen Blüte,
deren wohlfeiler Duft jeden Hof verzaubert hat,
sowie
eine Zahl hoher Herren,

die den Fürsten begleiten
zu sonnenstrahlgleicher Spitze
und kundtun werden diese Tat
an allen Höfen
im Christlichen Abendland,
so wahr Gott helfe.

Erste Stimme
Da tritt aus dem Volk
der Herbergsbesitzer,
fett, rund und blutschürzig.
Grunzt ehrerbietend schlichten Gruß
und legt sein Gesicht
in schweinsäugigen speckigen Glanz.

Zweite Stimme
Wer ist jener
im zwetschgenhautledernen Wams,
der vortritt,
grad und stolz?

Erste Stimme
Ach der,
der mit dem käuenden Pferdegesicht,
hat Rösser gar viele im Stall.
Will sie erbieten zur Expedition,
hinauf bis zum hölzernen Haus.

Zweite Stimme
Von welchem Haus
sprecht ihr
in rabenliderverhangenen Rätseln?

Martin Klotz
Hoch am Berg
ward es erbaut
von Heiligenbluter
starken Händen.

Meinselbst und dies mein Bruder
führten den Stab.
Ließen aus tausendjährigem Gebälk
eine Wohnstatt zimmern,
groß wie ein Schloß,
kuheuterwarm,
mutterschoßbehaglich.

Sepp Klotz
Dorthin geht,
heimkehrendem Nachtwind folgend,
schon morgen früh
die fürstliche Reise.

Martin Klotz
Mit uns voran.

Sepp Klotz
Wir kennen den Weg
zur lockenden Frau.

Martin Klotz
Waren schon dort.

Sepp Klotz
Kennen den Weg ganz genau.

Erste Stimme
Lassen wir die Nacht ihr Öl ausgießen,
über die Menschen von Heiligenblut.
Eine tiefdunkle, brühige, ölige Nacht.
Mit schwerem Schlaf und
begehrlichem Traum.
Die Dörfler träumen von Rosendüften
und pfauenfedrigen Frauen,
von wortsprudelnden Silberprinzenquellen,
einhörnigen Pferden, zweihörnigen Reitern,
von prallen Trauben und kolibriblutigem Wein.

Zweite Stimme
Die hohen Herren aber
sie träumen

Erste Stimme
von den
tränenseeblauen Brüsten
der Eisriesin,
die eisenzackenbewehrten Fußes
unschwer zu ersteigen sind.
Träumen von spaltigem
kaltwandigem
glattwandigem
Labyrinth,
glitzernd und funkelnd im Fackellicht
und begehbar
bis in der Riesin tiefstes Herz.
So träumen sie in dieser Nacht.

II

Von Hohenwart
Seit der Hahn gekräht,
mein Fürst,
sitzen wir in wogenden Sätteln
und lassen unser Schiff tragen
von wellenreicher See.
Der Wind und der Regen
peitschen die Gesichter,
und fast sieht es aus,
als ob dieser Berg,
der Klokner,
uns nicht haben will.
Leidet ihr sehr,
mein Fürst,
unter der Plage
des meeresgleichen Weges?

FÜRSTBISCHOF
Keine Worte,
mein Freund.
Lauscht den Naturelementen.
Hört die Musik des Wassers.
Hätte Händel sie zu schreiben vermocht?
Hört die Winde,
wie sie tosen und brausen,
winseln und heulen,
sich ungestüm gebärden.
Atmet den Wind
und trinkt die Tropfen,
die eure Lippen netzen,
und seid froh,
an diesem großen, wilden Tag
nicht im Bienenkorb eurer Gedanken zu hocken.

VON WULFFEN
Der Flora tut dies Wetter gut.
Ein jedes Pflänzchen
ersehnt die Tropfen
wie das Weib den Mann.

FÜRSTBISCHOF
Nehmt lächelnd hin,
mein lieber Hohenwart,
daß Nässe durch die Häute dringt.
Der Berg ist's wert,
daß man gewisse Opfer bringt.

VON WULFFEN
Auch wird es
allzu weit nun nicht mehr sein
hinauf zum hohen Wolkenhaus,

FÜRSTBISCHOF
das die wackren Klotzens
zu unsrer Bequemlichkeit erbaut

auf mein Geheiß.
Ein gut Stück
sind sie voraus
und werden alles richten,
damit es fehlen wird an nichts.

ERSTE STIMME
Recht hat der Fürstbischof.
Die Brüder Klotz,
die heimlichen Herren des Kloknerberges,
sind an diesem Tag des Aufstiegs
in Begleitung des Kochs,
einiger Träger
sowie schwer beladener Rösser
voraus,
um bei ihrem hölzernen Haus
alles vorzubereiten
für die fürstliche Expedition.

SEPP KLOTZ
Wär nur der Himmel uns besser gesinnt.
Wie schön war noch dieser Morgen,
versprach er nicht reichen Tag.
Des Fürsten Gesicht strahlte
wie die weißen Flanken des Berges,
als Morgensonne die Wolken scherte
wie Franz Holzknecht seine Schaf.

MARTIN KLOTZ
Was sich sorgen.
Wie's kommt, ist's recht.
Auch ein Fürst muß es nehmen,
wie Gott es gibt.

ERSTE STIMME
Sie setzen den Weg fort
in karpfenköpfiger Einsilbigkeit.
Ziehen ihre Filzhüte tief in die Gesichter,

verkriechen mit Leib und Seel in die lodenen Jacken.
Kein Sonnenstrahl dringt durch dichtes Regen- und Gewittergewölk,
um Fischmäuler in Wellensittichschnäbel zu verwandeln.

ZWEITE STIMME
Schweigsam steigt der ganze Troß
zur wolkengebetteten Hütte hinauf.
Wer horcht,
hört nur das Kratzen der Hufe auf felsigem Steig,
das Prasseln der Tropfen auf die Planen,
das Geknarze vertäuten Meßgeräts,
das Geklapper der Kochtöpfe,
das Gekrähe der Hähne in ihren Todeszellen,
das Schnauben der Gäule,
das Rülpsen eines Trägers,
das Kautabakspucken eines Pferdeführers,
das Donnergrollen weit entfernt.

SEPP KLOTZ
Die Hofer Maria soll Blut schwitzen können.
Vom Holzknecht Franz sagt man,
sein Urin sei grün.
Und im Kaukasus,
so hörte ich,
gäbe es Frauen mit baumstammdicken Armen
und Hüften domglockenbreit.
Nichts aber verwundert mich so sehr
wie die klaglose Ausdauer
des Herren von Salm-Reifferscheid.

MARTIN KLOTZ
Was nimmt's dich Wunder?

SEPP KLOTZ
Sahst du nicht
wie er furchtlos ritt
und ohne Schwindel
auf abgrundverloren seiltänzelndem Steig?

Wie er selbst sein Roß am Zügel führte
zwischen Himmel und Höll?
Und jetzt,
eine Stunde in unserem Rücken,
läßt er von
Nebel und Regen,
von Hagel und Kälte
sich nicht schrecken.
Da zieh den Hut, Martin.
Der Fürst verdient's.

MARTIN KLOTZ
Das wird sich letzten Endes erst erweisen,
wenn er beim Lohn nicht kleinlich ist.
Mit Goldstücken so wenig geizt,
wie mit seinen federkissengebetteten Träumen.
Da wird sich's weisen,
was vom Klokner bleibt für dich und mich.

ERSTE STIMME
Niemand denkt selbstlos,
wenn das Wetter Trübsal bläst.
Für was? Für wen? Warum das Ganze?
Nur einer,

ZWEITE STIMME
der Koch auf seinem Klepper-Klapper-Gaul,

ERSTE STIMME
denkt an die Herrschaft untertänig.

ZWEITE STIMME
Schon sieht er sich stehen
am qualmenden Herd.

ERSTE STIMME
Schon ahnt er sich Hustenanfälle servieren
zur Vorspeise für mehr als ein Dutzend Herrn.

Zweite Stimme
Schon sorgt er sich
um das Weinblumenblühen –

Erste Stimme
ob es dazu kommt,
nach wiegendem-wogendem Transport
auf breitbeinigen Klepper-Klapper-Gäulen.

Zweite Stimme
Es sorgt sich der Koch
ums leibliche Wohl
und denkt

Koch
Potztausend!
Das Gerüttel-Geschüttel
wird dem Tokaier
nicht zum Vorteil gereichen.
Nicht ihm, nicht Schampus, nicht Malaga.
Auch fürcht ich um Pfirsich und Ananas
und die Unversehrtheit praller Melone.

Erste Stimme
So bangt der Koch,
Josef Karg sein Name,
dem Aufenthalt am Berg entgegen.

Koch
Werden die kiemenblutigen Karpfen
nach qualvollem Transport
platt wie Flundern sein?
Werden die bauchklaffenden Hasen
erschöpft die Ohren hängen lassen?
Wird frieren das tote
dünnfellige Reh?
Ich fürcht um das Gelingen
von gutem Mahl,

von Speis und Trank.
Fürcht ums Wohlbefinden der Herrn
und vor fürstlichem Tadel.

SEPP KLOTZ
Doch ist seine Sorge
der Rede nicht wert.

MARTIN KLOTZ
Denn seine Kunst scheint groß.
An einer Herdstatt aus Qualm und Ruß
bereitet er erlesenste Köstlichkeiten.

ERSTE STIMME
Und als sich alles versammelt hat,
des Abends,
dem Wetterwüten ins Wolkenhaus entkommen,
da tischt der Koch auf,
daß die Balken sich biegen.

ZWEITE STIMME
Hasenbraten in Tokaiersoße,
ananasscheibengarniert,
dazu:
schweres, schwarzes Brot aus Heiligenblut
und
Früchte en masse
und
Kaffee hinterdrein.

ERSTE STIMME
Es schlägt sich ein jeder den Ranzen voll,
vergißt sein feuchtes Gewand.
Es stört sich keiner an beißender Luft,
das Essen geht gut von der Hand.

KOCH
Nur, meine Herren, nur ein bescheidenes Mahl.

Mehr war nicht möglich in der Kürze der Zeit,
an jenem Herd,
mit leidgeprüftem Material.

ERSTE STIMME
Da lachen die Herren
mit vollen Mündern,
und die Führer stimmen ein.
Man wischt sich die Soße vom Kinn
und alle loben den Koch.

FÜRSTBISCHOF
Vortrefflich, mein lieber Karg,
es könnt nirgends besser sein.

HOHENWART
Exquisit. Mon compliment.

VON WULFFEN
Welche Kräuter tatet ihr
in die schmackhafte Brühe,
frag ich verwundert,
weil nicht alles ich zu erschmecken vermag.

ERSTE STIMME
Bei üppigem Mahl und gehaltvollem Trunk
beschließt die Runde den Tag.
Schlägt morgen dem Berge die Stunde?

SEPP KLOTZ
Schaut, schaut.

VON WULFFEN
Ja, schaut doch vors Haus hinaus.
Der Klokner gibt sich die Ehre.

ZWEITE STIMME
Sie treten in die kalte Nacht,

die ein milchlachender Mond
eulenschön erhellt.
Aufgedunsenen Wolkenweibern
hat er Himmelsbeine gemacht.
Gar erheiternd ergreifen sie
rennend und stolpernd und purzelnd
die Flucht.
Der Mond herrscht nun am Firmament.
Und wird sich wohl in dieser Nacht
mit der strahlenden Bergfrau vermählen.

MARTIN KLOTZ
Morgen schon
werden wir oben stehen
auf höchster Spitze.

SEPP KLOTZ
Dort, wo die Bergeiszunge
lüstern den Himmel leckt.

III

ERSTE STIMME
Blabla, blabla, blabla.
Nichts als tokaiersoßentrunkene Geschwätzigkeit.
Sie glaubten hoffnungsfroh
an den lügengesichtigen Mond.
Nun lacht er sie aus.
Zwei Tage wütet das Wetter schon.
Zwei Tag sitzt der Fürst schon im Haus.

MARTIN KLOTZ
Doch am dritten Tag um elfe
schimmert Hoffnung blau.

SEPP KLOTZ
Hinauf, hinauf!

Von Hohenwart
Jetzt oder nie.

Fürstbischof
Ihr sollt den Gipfelgang wagen.

Zweite Stimme
Zur Mittagsstunde brechen sie auf.

Erste Stimme
Träger schleppen Leitern mit,
himmelhoch,
und Geräte zum Messen der Wunder.
Zudem
ein heißgeschmiedetes Kreuz
und Stricke und Stangen
sowie zauberlinsige Reisegläser,
drei an der Zahl,
durch deren Rohre man vom Klokner aus
die ganze Welt will sehen.

Martin Klotz
Ernst wird's.

Sepp Klotz
Jetzt wird's ernst.

Von Hohenwart
Tief sind die Falten
im kalten
Gesicht der Kloknerfrau.
Tief fürchterlich
und todeisig blau.

Von Wulffen
Und trügerisch
scheint mir der Pfad,
den die Klotzens für

uns wählen.
Ist nicht jedermanns Sache
hungerbäuchige Abgründe
auf Zuckergußbrücken
hundebeinig zu überqueren.

Erste Stimme
Es besteht
die Bergsteigerschar
nun aus Herren und Führern,

Zweite Stimme
aus Trägern und

Erste Stimme
der Angst.

Zweite Stimme
Ungebeten hat sie sich angeschlossen.
Nun treibt sie ihr gallbittres Spiel.
Krümmt die Rücken,
bringt Herzen zum Toben,
macht Beine zittrig,
Willen schwach
und unsicher noch
den gewagten Schritt.

Franz Holzknecht
Sie lacht, die Angst.
Hört ihr sie nicht,
wie sie lacht.
Hämisch.

Angst
Ich lache.
Lache, lache, lache, lache.
Lache, lache, lache.
Lache, lache.
Lache euch tot.

Der Mont Ventoux, der 1909 Meter hohe Wappenberg der Provence. Rodung durch Jahrhunderte zerstörte die Landschaft. Forschungsstationen lassen an andere Welten denken. Petrarca würde seinen Berg nicht wiedererkennen.

FRANZ HOLZKNECHT
Es frißt mich die Angst.
Mit Haut und Haaren.
Weich sind die Knochen,
ohne Kraft jeder Tritt.
Warum bin ich hier?
Für was die Gefahren?
Wär ich nur geblieben,
wohin ich gehör.
Drunten im Tal,
bei Wald und Vieh,
bei Frau und Kind,
was gäb ich dafür.
Es frißt mich die Angst.

SEPP KLOTZ
Fürchtet euch nicht,
Leut.
Die Angst kann uns nicht schrecken.
Sie macht aus Gletscherspältchen
Höllenschlünd
und aus drei springenden Brocken
Steinlawinen.
Sie macht spitz den Berg
und unnahbar,
verschleiert die Aussicht auf
jeden Erfolg.
Macht die Probleme groß
und uns Menschen gletscherflohklein
und doch ist alles, alles
halb so wild.

VON HOHENWART
Aaahhh.

Ein Traum von einem Berg. Seine Majestät, der Großglockner. Kann es verwundern, daß Altgraf Salm-Reifferscheid nichts sehnlicher wünschte als oben zu stehen auf höchster Höhe, 3797 Meter über dem Meer?

ERSTE STIMME
Fast wär ein Unglück geschehen.
Dem Physikus von Hohenwart
brach mitten im Gehen
der Boden ein.
Es öffnet sich der Spaltenschlund.
Tausend Fuß tiefer
läg er nun am Grund,
auf ewig im ewigen Eise,

ZWEITE STIMME
hätt ihn nicht ein Träger gepackt
im letzten Moment,
gepackt am lodenen Kragen
und entrissen der dürrknochigen Todeshand,
die schon zur Faust sich schloß.

MARTIN KLOTZ
Die Träger wollen nicht mehr weiter.
Sie fürchten um euer Leben
und um das ihre.
Doch ist der Gipfel nah

VON WULFFEN
und wir sollten nicht unversucht lassen
seine Eroberung.
Der Fürstbischof wartet im Wolkenhaus
und möcht nur zu gern,
daß wir als Sieger wieder kommen.

VON HOHENWART
Selbst ich
will mich nicht schrecken lassen.
Die Losung heißt: hinauf.

ANGST
Ich lache.
Lache, lache, lache.

Lache, lache.
Lache euch schon tot.
Und wie es scheint
kommt Bruder Sturm mir zu Hilfe.

ERSTE STIMME
Schwerer Schritt um schweren Schritt
plagt sich die kühne Schar
über Eis und Fels.
Wild schlagen die Lungenflügel
in dünnhäutiger Höhe
und brennen wie Feuer.
Sturm kommt auf und peitscht
die ungeschützten Gesichter
und verbreitet Angst und Pein.

ZWEITE STIMME
Es bedeckt sich der Berg
mit dickleinenem Tuch,
und der Wind heult
tollwütig über die Flanken.

SEPP KLOTZ
Wir müssen zurück.

VON HOHENWART
Das sieht man ein.
Wer würde weitergehen
gegen die Willen
von Himmel und Höll.

MARTIN KLOTZ
Es bleibt zurück
Leiter und Kreuz.
Schon bald,
irgendwann,
wird man das letzte Stück
zum Kloknergipfel ersteigen.

Sepp Klotz
Windgejagt
eilt man zurück
so schnell es geht.
In eiskrustigen Gewändern
über gefahrvolle Felsen
und tückisches Gletschergebrück.

Martin Klotz
Viel hätt nicht gefehlt
bis zur Kloknerspitze.
Zum höchsten Punkt
in unserem Land,
der weiter warten muß
auf das Kreuz des Herrn.

Von Hohenwart
Feiern wir
statt des erhofften Erfolges beim Hause
die glückliche Wiederkehr.
Auch das ist verdient
nach erfahrner Beschwer.
Und sobald Wind und Wolken
eines Bessren gesinnt,
brecht ihr auf.
Und vollendet das Werk,
das unser Fürstbischof ersann.

Erste Stimme
So geschieht's.
Noch einmal gibt man in heiterer Runde
sich Joseph Kargs Kochkünsten hin.
Verzehrt üppig und trinkt gut,
bevor man hinabsteigt ins Tal.

Zweite Stimme
Der Anfang ist gemacht,
viel erreicht. Tage später

Erste Stimme
ersteigen die Klotzens
mit zwei Trägern sowie dem
Herrn von Hohenwart mit einem Weggefährten
des Vorgipfels Himmelsrast.
Kaum weniger hoch
als die Kloknerspitze,
die andere Spitze des Schnabels,
ist sie genug für Mut
und Kraft.

Zweite Stimme
Das geschmiedete Kreuz
wird aufgerichtet.
Es wird gegessen, getrunken
und Gott gedankt.
Hohenwart mißt die Wunder,
und alle genießen die Aussicht
bis zu den Enden der Welt.

Erste Stimme
Zum Schlusse
heben sie die Gläser
voll mit sonnenfunkelndem Wein.
Ein Toast auf den Fürstbischof.
Hoch lebe der Altgraf Salm-Reifferscheid.

Zweite Stimme
Ja, er lebe hoch.
Hoch wie die Kloknerspitze,
viel höher noch.
Es klirren die Gläser
zum Proste,
dann werden sie geleert
mit der Gier
eines unvergleichlichen Tages,
1799,
im Jahre des Herrn.

Die große Reise

Alexander von Humboldts Höhenrekord am 6267 Meter hohen Chimborazzo, jenem ekuadorianischen Berg, der zur Goethezeit als höchste Erhebung der Welt gegolten hat

Plötzlich endete der Grat. Schmal und exponiert und ständig an Brüchigkeit zunehmend hatte er bis hier herauf geführt, etwa zwölfhundert Fuß unter den Gipfel des höchsten Berges der Erde, des Chimborazzo in Nueva Granada, wie die Gebiete Ekuadors und Kolumbiens zur Wendezeit zwischen dem achtzehnten und neunzehntem Jahrhundert hießen. Man schrieb den 23. Juni 1802 und nie zuvor hatten Menschen höhere Höhen erreicht. Kriechend zuletzt auf allen Vieren im steilen, schier haltlosen basaltigen Gestein und sich die Hände daran blutig schrammend, hatte man das Ende des Grates erreicht, jene Stelle, wo eine Schlucht, die von riesenhafter Axt geschlagen schien, den weiteren Aufstieg unmöglich machte. Vierhundert Fuß tief brach der Fels da ab, und nirgends gab es Möglichkeiten, dieses Hindernis zu umgehen oder an einer schwachen Stelle zu überlisten. Es endete der Grat und damit der Besteigungsversuch an diesem wuchtigen, breiten, einsamen, vulkanischen Berg.

Doch kann man nicht anfangen, wo alles endet. Nicht bei dieser Geschichte vom Chimborazzo, die Bestandteil einer einzigartigen amerikanischen Reise ist. Einer fünf Jahre dauernden Forschungsreise durch spanische Kolonien, auf den launischen Meeren, den Verwesung dahinschlammenden Flüssen, zu Fuß durch fieberdampfende Sümpfe, auf bockigen Maultieren über dünnluftige Hochebenen, unablässig suchend nach einem neuen Verständnis dieser Welt. Es muß von dieser unvergleichlichen Reise erzählt sein, will man verstehen, was das Besteigen von Bergen, auch was das Reisen schlechthin bedeuten kann.

Im Juni 1799 begibt sich Alexander von Humboldt, Zeitgenosse Goethes und Schillers, Saussures und Simón Bolívars, im nordwestspanischen La Coruña an Bord der Korvette »Pizarro«, die Kurs nach Teneriffa nehmen wird. Dort wird das Schiff einige Tage verweilen. Der Kapitän Don Luis Artajo gibt damit Humboldt und seinem Begleiter, dem französischen Botaniker Aimé Goujaud Bonpland, die Möglichkeit, sich einzustimmen auf die Welt der Tropen und dabei den mehr als 3700 Meter hohen Pico de Teyde zu ersteigen.

Am 25. Juni verläßt die Pizarro den Hafen von Santa Cruz. Die große Reise beginnt. Guter Wind treibt das Schiff flott voran, bringt Humboldt und Bonpland in nur zwanzig Tagen von der spanischen Insel zu den Kolonien, wo ihnen dank eines Passes von König Carlos IV. Türen und Tore offenstehen. Mehrere Monate verbringen sie als Gäste des Statthalters im venezolanischen Cumaná. Humboldt, nach dem Tod seiner Mutter vermögend, mietet zudem eines der stattlichen Häuser, die aus dem Holz des weißen Sinabaumes erbaut sind und auf dessen Flachdach bestens der Astronomie zu frönen ist. Nach den üppigen Abendmahlzeiten beim Gobernador Don Vicente Emperán verbringen Humboldt und Bonpland viele Nachtstunden unter freiem Himmel, beobachten die Konstellationen am Firmament, messen, bestimmen, führen Buch.

Auch ist ihnen Cumaná ein idealer Ausgangspunkt für erste Vorstöße ins Landesinnere, in eine ungeheuerliche, farbenprächtige, wild wuchernde, unerschöpflich artenreiche Tropenwelt, wo sich der Gesang der Drosseln mit dem heiseren Geschrei der Papageien mischt. »Bonpland versicherte, daß er von Sinnen kommen werde, wenn die Wunder nicht bald aufhören«, notiert Humboldt in seinen täglichen Aufzeichnungen.

Im Süden der Provinz Cumaná, unweit dem Kapuzinerkloster Caripe, erkunden sie die Höhle des unseligen Guacharó-Vogels, eines Tieres, das wegen seines Körperfettes Jahr für Jahr sein Schicksal erleidet. Am Johannistag nämlich ziehen die Bewohner des Dorfes Caripe genauso wie die Patres und Mönche aus dem Kloster zur Höhle, barfüßig die einen, sandalenbewehrten Fußes die anderen, ausgestattet alle mit Stangen und Knüppeln, und richten ein knöcheltiefes Blutbad an. Mit den Stangen und Prügeln wird auf die Vögel, die unter großem Geschrei zu Tausenden in den verschissenen Nischen der tiefen Tropfsteinhöhle kauern, eingeschlagen, bis sie mit gebrochenen Flügeln, gebrochenem Hals, zerschlagenem Kopf, Blut, Eiter und Därme aus ihren Schnäbeln hervorwürgend, zu Boden stürzen. Draußen vor der Höhle wird an den Feuern der Frauen das Fett sogleich ausgelassen. Der Erlös an Guacharó-Schmalz wird reichen bis zum Johannistag im nächsten Jahr.

Es folgen zweieinhalb Monate in Caracas, der großen Stadt mit ihren vierzigtausend Einwohnern, ein gutes Stück landein gelegen und doch beständig die Luft der Karibik atmend. Sie besteigen den Berg Silla, der in der Stadt den Blick beherrscht und bereiten sich vor auf ein gewagtes Unternehmen, die Flußbefahrung des urwald-, wunder- und schreckengesäumten Orinoko und seiner Nebenflüsse, bis hin schließlich zum Rio Negro, der Verbindung zum Amazonas. Fast ein Jahr lang sind Humboldt und Bonpland in Begleitung von mehreren Indianern auf den Wassern unterwegs, ohne Unterlaß sammeln sie Pflanzen für ihre wissenschaftlichen Auswertungen, untersuchen sie von den Einheimischen mittels Pfeilgift erlegte Tiere, bestimmen geographisch die Orte, die Flußverläufe, die Vegetationsdecke der bereisten Gebiete. Sie leben wie die Eingeborenen, trinken das braune Wasser des Orinoko, essen Reis, Ameisen und Affen, leben in Nachbarschaft mit scharfzahnigen Alligatoren und schenkeldicken Boas, atmen pesthauchige Schwüle in den Sümpfen, treiben tagelang im Gelbfieberdunst, der aus den Flüssen steigt, leben mit Gefahr und Verderben. Doch beide bestehen diese Prüfungen gut. Humboldt selbst bleibt gesundheitlich geradezu unangefochten, nimmt alle Strapazen problemlos hin, der Urwald, die Tropen haben ihn gewandelt, die Anfälligkeit, die ihn in Europa plagte, ist am Orinoko verflogen. Einzig die Moskitos werden ihnen zur unerträglichen Qual, sind schlimmer als die Gefahr durch wilde Tiere, schlimmer als die Angst vor Krankheit und Tod. Unzählige Stiche lassen die Gesichter anschwellen, die halb geschlossenen Augen grünen Schleim weinen, die prallen Lippen platzen und brennen bei jeder Netzung mit Speise oder Trank. An schlimmen Tagen verfinstern Schwärme der bösartigen Stechfliege den Himmel, befallen alles, was von Blut durchpulst wird, machen es unmöglich, sich im Freien aufzuhalten. Selbst in den Hütten, die aus Stämmen, Zweigen, bettlakengroßen Blättern und armdicken Lianen errichtet sind, ist ein Aufzeichnen der Beobachtungen tagsüber oftmals nicht möglich. Erst beim abendlichen Schein der Feuer bleibt man halbwegs verschont von den Moskitos. Die Tage aber sind die Hölle. Einmal flüchten die Forscher und ihre indianischen Begleiter unter einen tosenden Wasserfall, um einem angreifenden Schwarm zu entgehen, andernorts graben sich alle zur Nacht in den Sand, auf daß nichts mehr unbedeckt ist als nur noch das bei jedem verschwollene Gesicht.

Oft muß die Piroge, das Boot, das sie durch die Straßen des Urwaldes trägt, über Land geschleift werden, bei Untiefen oder Stromschnellen, in drückender Hitze gezurrt, gehievt, geschoben werden entlang sumpfiger Ufer, durch Morast und dichtes Gestrüpp, über mörderische Anhöhen.

Orte werden erreicht, wo das gelbe Fieber wütet, und noch Tage weiter flußab treiben Leichen friedlich neben dem Boot. Auch die Lepra, die in verschiedenen Gegenden den Eingeborenen die Glieder abfaulen läßt, kann den Europäern nichts anhaben. Nicht einmal über Kopfschmerzen muß Humboldt sich beklagen.

Erst in der Zivilisation, zurückgekehrt zu den Annehmlichkeiten europäischer Kultiviertheit, erleiden Humboldt und Bonpland, was ihnen das faulige Wasser des Orinoko, die pestilenzschwangere Luft über den Sümpfen, die ungewohnte Nahrung nicht anhaben konnten. Beide erkranken am Fieber, von dem sich Humboldt rasch erholt, Bonpland dagegen in ernste Lebensgefahr gebracht wird. Doch in den hochgelegenen Pflanzungen des Doktor Fareras erholt auch er sich allmählich in guter Luft, so daß nach mehreren Wochen die große Amerikareise fortgesetzt werden kann.

Sie führt sie zunächst für ein Vierteljahr nach Kuba, dann zurück auf den Kontinent, nach Cartagena in Kolumbien, jenem Land, von dem eineinhalb Jahrhunderte später ein gewisser Gabriel García Marquez der Welt erzählen wird, daß dieses, sein Kolumbien, sich noch immer in der Welt des Mittelalters befindet, schlaflos in der Vergangenheit, aus der es keine Erlösung gibt. Nichts verraten Humboldts Aufzeichnungen und seine später verfaßte zwanzigbändige Aufbereitung dieser Forschungsreise, ob der Weg ihn auch nach Macondo führte, dem Dorf, wo hundert, wo tausend Jahre Einsamkeit herrschen, nirgends finden sich José Arcadio Buendía, die Erde essende Rebeca, Remedios die Schöne, die große Mutter Ursula erwähnt. Auch ist nicht anzunehmen, daß Humboldt, lebenslänglich Junggeselle, doch immerhin der Weiblichkeit nicht abhold, sich einreiht in die lange Männerschlange vor der vierzehnjährigen Eréndiras Zelt, die nackt auf schweißtriefendem Bettlaken sich darbietend die Schulden bei ihrer herzlosen Großmutter abzuleisten hat. Wohl sieht er Hahnenkämpfe, blutige Gemetzel wie jenes, als ein vom gegnerischen Schnabel blindgestoßener Hahn tobsüchtig und tollwütig seinen noch sehenden Feind zerfetzt, mit Schnabelhieben und Krallenschlägen förmlich zerreißt, den Kopf trennt vom Rumpf und triumphierend am

Kamme im Schnabel hält, einen stolzen Moment lang den eigenen schmerzrasenden Körper vergessend.

Mit Sicherheit begegnet Humboldt auch Simón Bolívar, Verfechter der Unabhängigkeit Lateinamerikas, der sich in zahllosen Freiheitskriegen verstricken und als General aus seinem Labyrinth nicht mehr herausfinden sollte. Humboldt trifft Bolívar, doch geschieht das später, in Paris, nach der amerikanischen Reise und vor Bolívars großer Zeit. Fünf Jahre nach den tropischen Strapazen, noch bis in die Träume verfolgt von den himmelverfinsternden Moskitoschwärmen und den schalen Geschmack des trüben Wassers des Orinoko, des Rio Atabapo, des Casiquiare auf der Zunge, wird Humboldt zu Bolívar sagen: „Ich glaube, daß Ihr Land schon reif ist für die Unabhängigkeit, aber ich sehe den Mann nicht, der es vollbringen wird«.

Humboldt und Bonpland fahren von April bis Juni 1801 auf dem Rio Magdalena nach Honda, begleitet von zwanzig indianischen Ruderern. Es bleiben acht unterwegs zurück, fast alle anderen kommen am Ziel mit stinkenden Geschwüren an. Bedeckt sind die Körper mit gelben und grünen eitrigen Beulen, den üblen Ergebnissen neuerlicher Insektenplagen. Von Honda geht es zweieinhalbtausend zermürbende Höhenmeter hinauf zur Hochebene von Bogotá, die in ihrer fast gänzlichen Baumlosigkeit ein Bild trister Weite, geradezu traurigen Charakters bietet. Um so fröhlicher ist der Empfang der Forscher.

Noch weitab von Bogotá, weitab vom Sitz des Vizekönigs, werden Humboldt und seine Reisegefährten mit Jubel begrüßt. Volksfeste sind solche Empfänge, laut, stürmisch, musikerfüllt von früh bis spät. Böllerschüsse werden aus mittelalterlichen Kanonen abgefeuert, Abgesandte des Vizekönigs erweisen respektvoll Ehrerbietung, der Sekretär des Bischofs ist den Forschungsreisenden entgegengeeilt, der Rektor der Bogotáer Hochschule kann es nicht mehr erwarten, bis die Wissenschaftler, deren gerüchtbeladener Ruf ihnen seit Monaten vorausgeeilt ist, eintreffen in seiner Stadt. Reden werden gehalten, viele, blumige, wortreiche, Musikanten spielen auf den Plätzen, die Straßenkinder rennen her neben dem Humboldtschen Maultierzug, die Erwachsenen staunen in den Türen der Häuser über den schwerbepackten Troß, verlumpte Bettler erhoffen sich erhöhte Einnahmen, Diebe nutzen das Durcheinander solcher Tage, an den Hurenhäusern hängen die prallen Brüste über die Geländer der Balkone, und es ist jedermann froh, ein Fest zu feiern und nicht arbeiten zu müssen. Mit farbenprächtiger Stimmung wird Humboldt in jedem Ort begrüßt und verabschiedet, und noch lange nachdem der Staub des Maultierzuges am Horizont verschwunden ist, wird in den Dörfern und Städten gefeiert, getrunken und getanzt, gewettet und gespielt, gekämpft und geliebt.

In Bogotá sind Humboldt und Bonpland Gäste des Vizekönigs, des kolonialen Stellvertreters seiner Gnaden in Madrid. Er stellt ihnen ein eigenes Haus mit Küche, Hof und Garten zur Verfügung. In den Arkaden des Hofes ist selbst zur schwülen Mittagsstunde die Temperatur angenehm, und es läßt sich dort sitzen und lesen oder zu Papier bringen, was an Aufzeichnungen Europa unbedingt erreichen soll. Das Haus selbst ist groß genug, daß die beiden Forscher ihre naturkundlichen Schätze sortieren und zum Teil bereits auswerten können. Die Räume gleichen einem Museum, und die Fülle nie geschauter Wunder lockt viele Besucher, vornehmlich Frauen und Männer aus der Oberschicht Bogotás, aber auch Bauchladenhändler und stillende Mütter, Handwerker und dreckverkrustete Kinder, Patres und glutäugige Mädchen bitten um Einlaß.

Nach zweimonatigem Aufenthalt in Bogotá, dessen Köstlichkeit am 18. September 1801 mit einer totalen Sonnenfinsternis abgeschlossen und gleichsam gekrönt wird, reisen Humboldt und Bonpland ab in Richtung Ekuador. Der beschwerliche Weg führt sie über gebirgige Pässe der östlichen Kordillere, steinige und exponierte Pfade sind gefahrvoll für Mensch und Tier. Einen Monat lang bleiben sie im gemäßigteren Klima von Popayán, um dann voll Beschwer nach Quito weiterzuziehen. In hochgebirgigen Gegenden durchdringt eisige Kälte die Körper bis auf die Knochen, die Vegetation ist karg, Sumpfgebiete fordern aufs äußerste. Die schreienden Maultiere versinken bis zu den Bauchgurten im Schlamm, und eine Vielzahl abgenagter Maultierskelette entlang des Weges mag ihnen sagen, wie schnell hier die Stunde geschlagen hat. Nach unsäglichen Mühen, nach dem Aushalten von grimmiger Kälte und strapaziösestem Bergauf und Bergab, erreichen sie endlich Quito, die Hauptstadt Nueva Granadas, prachtvoller und angenehmer noch als Bogotá. Die Residenzen spanisch-kreolischen Adels zieren das Bild der Stadt, und auch hier werden der preußische Freiherr Humboldt und sein französischer Begleiter vorzüglich aufgenommen. Der Duque de Selvalegre Don Juan Pio Aguirre y Montúfar lädt sie ein in sein herrschaftliches Haus, das sich mit ersten Häusern in Paris und London würde messen können, und stellt ihnen bald eine eigene Villa für ihre Arbeit zur Verfügung. Somit sind ideale Voraussetzungen für einen längeren Aufenthalt in Ekuador gegeben, der, wie die gesamte Reise, ausschließlich von Forschungsarbeit bestimmt sein wird.

In Quito gesellt sich zu Humboldt und Bonpland ein Begleiter, der Sohn des großzügigen Herzogs, der junge Carlos Montúfar. Er selbst hat an der Arbeit der europäischen Forscher großes Interesse gezeigt, sein Vater sieht für ihn die Möglichkeit der Fortbildung und schließlich, in Begleitung Humboldts, die Reise nach Spanien, wo er eine Offiziersausbildung erfahren könnte. Carlos Montúfar ist fortan dabei, wenn Humboldt und Bonpland die bedeutendsten Vulkane des Landes erkunden, hinaufsteigen zu den Kraterrändern des Antisana und des Cotopaxi, sich emporplagen zu den Gipfeln des Tunguragua, des Lliniza oder des Pichincha, dessen Besteigung erst beim zweiten Versuch gelingt. Als sie sich zum erstenmal an den Aufstieg machen, wird Humboldt in dünnluftiger Höhe krank, wird von Schwindelanfällen heimgesucht, schließlich sogar ohnmächtig. Unabänderlich ist die vorzeitige Rückkehr in niedrigere, der Gesundheit bekömmlichere Regionen.

Am 26. Mai 1802 versucht sich Humboldt erneut an diesem Berg. Nebel hüllt die Forscher und ihre indianischen Träger ein, erschwert die Orientierung, färbt äußere wie innere Stimmung grau. Die Indios kehren verängstigt um, befürchten eine Herausforderung der Götter und ihren Zorn. Humboldt, Bonpland und Montúfar mühen sich weiter über Hänge mit qualvoll tiefem Schnee den wolkenverhangenen Berg hinan. Erst der stechende Geruch schwefliger Säure kündet die Gipfelnähe. Als erste Menschen betreten sie den höchsten Punkt am Pichincha, den Humboldt mit 14940 Fuß vermißt. Am nächsten Tag steigt er noch einmal hinauf zu dem felsigen Gipfelplatz, einem kleinen Plateau, das wie ein absturzbereiter Balkon hineinragt in den Krater des Vulkans. Während er sich mit allerlei Messungen beschäftigt, beginnt die Erde zu beben. Humboldt zählt fünfzehn Stöße in sechsunddreißig Minuten…

Einen knappen Monat später machen sich die drei Reisenden an ihr letztes bergsteigerisches Unternehmen bei der Humboldtschen Amerikaexpedition. Ihr Interesse gilt dem Chimborazzo, den die Fachwelt als höchsten Berg der Erde betrachtet. Ihn will der nunmehr zweiunddreißigjährige Alexander von Humboldt ersteigen, eine pflanzengeographische Profilzeichnung soll am Beispiel dieses höchsten aller Berge die naturkundlichen Erkenntnisse von Lateinamerika veranschaulichen.

Am 9. Juni 1802 verlassen sie die gastfreie Stadt Quito, nehmen Abschied vom Herzog Montúfar, seiner Gemahlin und den zweifelnden Töchtern, die nicht viel Verständnis aufzubringen vermögen für das Herumziehen in menschenfeindlicher Wildnis. Es dauert mehrere Wochen bis sie in der mit Bimsstein bedeckten Ebene anlangen, wo die Menschen im Begriff sind, fünf Jahre nach einer Erdbebenkatastrophe auf den Trümmern der alten Stadt Riobamba die neue zu errichten, aufzubauen auf den Gräbern der Väter, deren sterbliche Überreste vom Schutt begraben blieben.

Im Banne des Chimborazzo verbringen sie einige angenehme Tage. Das Sammeln von Pflanzen und Gesteinsproben, das Vornehmen trigonometrischer Messungen, das Ausschauhalten nach der besten Besteigungsmöglichkeit am glockenförmigen Berg füllen ihre Stunden von vormittags bis abends. Das Wetter ist angenehm, der Himmel klar, die Sicht gut. Am 23. Juni brechen Humboldt, Bonpland und Montúfar in Begleitung einiger mit der Gegend vertrauter Indianer frühmorgens auf, um zum höchsten Punkt der Welt zu steigen.

Es ist eine eigentümliche Kolonne, die den stillen Dämmer durchzieht. Nachdenklich sitzen die Forscher auf ihren Rössern, die vorsichtigen Hufes den besten Weg suchen. In den Köpfen der Männer vermengt sich Vorfreude auf das Abenteuer mit der ungewissen Bangnis, die vor jedem solchen Unterfangen aufkommt. Schon malt man sich aus, oben zu stehen, über allem auf der Welt, schon träumt man schwärmerisch von der fast grenzenlosen Sicht, schon hofft man im geheimen ein klein wenig auf den Ruhm, der mit einer erfolgreichen Besteigung gewiß geerntet werden kann. Handelt es sich doch um den höchsten Berg der Erde, um jene Stelle, die wie keine andere in den Himmel ragt und damit nahe ist dem Schöpfer alles Himmlischen und Irdischen. Doch zugleich schlägt das Herz schneller beim Gedanken an Gefahren und ungewisse Abenteuer. Die Männer tragen unter den wärmenden Ponchos hüftlange Westen, die Hemden mit den hohen Kragen, die, obwohl in Quito neu erworben, längst schon wieder ihre Steifheit verloren haben, sind mit einer mehrfach geschlungenen Krawatte geziert. Die Hosen, von denen Schenkel und Knie eng umfaßt sind, münden in hohen Schaftstiefeln, die vor Nässe und Schnee zumindest halbwegs Schutz bieten sollen.

Hinter den Herren reiten die Indios auf ihren stoisch trittsicheren Mauleseln. In sich zusammengesunken kauern sie auf den Rücken der Tiere, eine Haltung, die an einem kühlen Morgen wie diesem zusätzlich zu wärmen vermag. Auch die Indios sind schweigsam. Sie denken darüber nach, was diese sonderbaren Weißen wohl dazu bewegen mag, hinaufsteigen zu wollen auf diesen Berg. Wer wüßte einen Grund dafür. Auch macht sie die Bangnis still. Zwar kennen sie die Missionare, die Patres aus den Klöstern, die durch die Lande ziehen und von ihrem Großen Geist erzählen und jedem Geschenke machen, der ein Kreuzzeichen küßt und sich von ihnen tauchen läßt in das Wasser eines Flusses oder eines Sees. Auch sie glauben an den Großen Geist. Glauben an ihn wie an viele andere Götter, von denen manch einer auf den unersteigbaren Bergen wohnen soll, friedlich zumeist, doch feuerspuckend, wenn er von Menschen in Wut gebracht. Erzähle der Missionar in seiner langen speckigen Kutte, was immer er will.

Man reitet bis in eine Höhe, die Humboldt als ungefähr die des Montblanc errechnet. Dort bleiben die Tiere angepflockt zurück. Über felsiges und schrofiges Gelände steigt die Gruppe höher, strebt einem Grat zu, der inmitten grundlos tiefen und praktisch ungangbaren Schnees der einzig mögliche Anstiegsweg zu sein scheint. Das Gestein ist verwittert, brüchig, unangenehm. Der Grat verjüngt sich immer mehr, das Gehen darauf wird zum gefährlichen Balanceakt über gefräßigen Abgründen. Daß zudem Wolken aufziehen, bald schon die Flanken des Berges verschleiern und alles mit kaltem Hauch überziehen, nimmt den Indianern den letzten Funken Bereitschaft, diesen sinnlosen Aufstieg zu wagen. In einer Höhe von fünfzehneinhalbtausend Fuß verweigern sie das Weitergehen.

Zunächst redet Humboldt sanft auf sie ein, argumentiert damit, daß eigentlich keine Gefahr drohe, bittet, verspricht eine Erhöhung des Lohnes, beschimpft und verspottet aber schließlich die Eingeborenen, denen er nicht glauben will, was sie behaupten, daß sie nämlich an der Höhenluft stärker noch litten als die Weißen. Alles ist umsonst. Die Indios steigen ab zu den Pferden und Maultieren, ein kleines Häuflein Unerschütterlicher bleibt im Grau des Wetters auf einem schmalen Grat zurück: Humboldt, Bonpland, Montúfar und ein Mestize aus dem Dorf San Juan, das am Fuß des Berges liegt. Nach kurzer Rast setzen sie den Aufstieg fort.

Die Brüchigkeit des Gesteins nimmt mehr und mehr zu. Oft müssen die Hände zu Hilfe genommen werden, um heikle Stellen sicher überwinden zu können. Bald sind die Fingerkuppen und die Handballen schmerzhaft aufgerissen vom scharfkantigen Stein, eine Fährte kleiner Blutpunkte führt über den Grat. Humboldt ist doppelt behindert. Seit Wochen schleppt er eine nicht heilende Wunde an der Sohle seines rechten Fußes mit sich herum, die ihm jetzt jeden Meter zur Qual macht. Doch er gibt nicht auf. Nicht Humboldt. Schneckenlangsam plagen sich die Männer Fuß um Fuß höher. Sie gehen hintereinander und prüfen jeden Tritt und jeden Griff im trügerischen Fels. Wie weit mag es noch sein bis zum Gipfel der Welt? An geeigneter Stelle am Grat vorgenommene Messungen mit dem Gefäßbarometer bringen nichts als Enttäuschung. Erst siebzehntausend Fuß. Es fehlt noch viel.

Die Sicht ist gleich null. Schwer hängt das Gewölk an den Flanken und Graten und gibt Berg und Tal allenfalls für Momente frei. Es bedarf eines Höchstmaßes an Willenskraft, den schwierigen, gefahrvollen und witterungsmäßig nicht sonderlich vielversprechenden Aufstieg fortzusetzen.

Etwas weiter oben legt sich der Grat zurück, wird flacher und weniger schwierig zu begehen. Doch neue, noch schlimmere Hindernisse erwarten die Männer. Nach und nach beginnt jeder, an heftiger Übelkeit zu leiden. Vier Mägen wollen alles herauskotzen, was in den vergangenen zwanzig Stunden in sie hineingewandert ist. Die Höhe fordert Tribut. Humboldt und dem Mestizen platzen die Lippen auf, Bonpland und Montúfar bluten aus dem Zahnfleisch. Ansonsten aber sind die Münder ausgetrocknet, die Zungen scheinen in den Mundhöhlen angeklebt, die Lungen brennen beim heftigen Atmen, die Herzen schlagen vernehmlich laut. Die Stunden höchster Anstrengung haben die Gesichter ausgezehrt, die Wangen sind eingefallen, die Augen dunkel umringt und die Bindehaut von Blut unterlaufen. Es ist eine traurige, armselige, bemitleidenswerte Gruppe von Männern, die sich dennoch weiterquält, würgend, keuchend, blutend, leidend.

Noch einmal werden die Kräfte belebt. Das Gewölk reißt auf für eine kurze, aber prachtvolle Zeit, gibt den schnee- und eisbedeckten Gipfel des Chimborazzo frei, das Licht der Sonne bringt den domförmigen Berg einige Momente lang zum Leuchten und macht damit

Energien frei bei Humboldt, Bonpland, Montúfar und dem Mann aus dem Tal. Letzte Kräfte werden mobilisiert. Der Felskamm, auf dem sich die Bergsteiger befinden, wird breiter. Das Gehen erfordert nun weniger Konzentration und weniger Kraft. Fast zügig kommt man voran. Fast möchten sie rennen auf diesem gefahrlosen, breiten und flachen Stück. Wissen sie doch alle den Gipfel nicht mehr fern. Den höchsten Berg der Erde.

Längst ist jene Höhe deutlich überschritten, die bislang je von einem Menschen erreicht worden ist. Eine große, historische Leistung der Vier, der beiden Forscher, des jungen Reisenden, des sie durch hochgebirgige Unbill begleitenden Mestizen. Humboldt war knapp dreißigjährig zu seiner Amerikareise aufgebrochen, die ihn zum größten und universalsten Naturforscher der Goethezeit erheben, die ihn zum Hauptbegründer einer modernen Geographie werden lassen sollte.

Schon im Moment, da die dichte Wolkendecke aufriß und für ein kurzes den letzten Aufschwung zum Gipfel des Chimborazzo freigab, ist der mathematische Höhepunkt der Humboldtschen Amerikafahrt erreicht. Humboldt wird noch zwei Jahre unterwegs sein, sich in Peru und Mexiko und als Gast des Präsidenten Jefferson in den Vereinigten Staaten aufhalten. Nie mehr aber wird er höher steigen, sein Lebtag nicht, als bis zu jener Stelle, wo am Chimborazzo der Grat plötzlich endet, eine vierhundert Fuß tiefe und etwa sechzig Fuß breite Schlucht der neu aufgekeimten, hoffnungsgestärkten Energie ein abruptes Ende bereitet.

Unbestiegen bleibt der Chimborazzo. Doch eines Tages sollten Männer kommen, mit Seilen und mit Eisen an den Schuhen, um einen gangbaren Weg zum majestätischen Gipfel zu finden. Gemäß Alexander von Humboldts Leitsatz: Der Mensch muß das Große und Gute wollen.

Alexander von Humboldt war kein Alpinist. Er bereiste auf abenteuerlichen Wegen Lateinamerika. Um zu forschen, versuchte er sich am Chimborazzo. Am Beispiel dieses Berges zeigte er die Klimazonen und die Verteilung der Pflanzen, wie er sie als charakteristisch für den südamerikanischen Kontinent erachtete.

Zwei Frauen

Marie Paradis und Henriette d'Angeville waren die ersten Frauen auf dem Montblanc

Abbé Coupeau saß bei Tisch. Er wischte sich mit dem Handrücken den Mund und das fleischige Doppelkinn, über das rotbraun die Sauce troff, dann trank er einen Schluck von seinem Wein, einem roten, herben, den er unverdünnt genoß. Coupeaus Augen glänzten froh. War es doch ein in seiner Köstlichkeit unerwartetes Mahl, eine besondere Gaumenfreude, ein Geschenk, für das der heitere Himmel ihn an diesem Morgen ausersehen hatte.

An diesem Morgen nämlich war auf dem Pfarrhausdach von Les Contamines eine Taube gelandet, hatte sich, wohl nach langem Flug in der schwierigen Thermik des Montblancgebietes, ausgeruht in den ersten milden Strahlen der Sonne, war dabei jedoch höchst unachtsam gewesen. Ihr Fehler hatte darin bestanden, die Heiligkeit des Ortes, das Pfarrhaus, wie gesagt, gleich bei der Kirche, zu überschätzen, zu unterschätzen aber des hochwürdigen Herren Leidenschaft für alle kulinarischen Dinge, und so war ihr entgangen, daß Coupeau einen sicheren Schützen aus der Nachbarschaft herbeiholen ließ, der denn auch anlegte mit ruhiger Hand und kaltem Herz und mit einem lauten Schuß die graubraune Taube, deren Hals von einem dunklen Flaumring geziert war, vom Dache holte.

Patsch! war sie aufgeschlagen auf sandigem Boden, in Rückenlage erstarrend, das zarte Brustgefieder von dünnflüssigem Blut besudelt, die Augenlider halb geschlossen, Blut war in kleinen Tröpfchen auch aus dem Schnabel getreten, und die Beine waren in seltsamer Verrenkung vom Körper abgespreizt. Coupeau und der sichere Schütze hatten das erlegte Tier einer genaueren Untersuchung unterzogen, und während der beleibte Pfarrer an nichts als an den Genuß des Verzehrs gedacht hatte, war dem Mann mit der Flinte an einem Taubenbein ein dünnes Stück Schnur aufgefallen, das wohl einmal dazu gedient hat-

1786 wurde der Montblanc erstmals bestiegen. Zu Anfang des 19. Jahrhunderts erreichte die erste Frau den mit 4807 Metern höchsten Gipfel der Alpen: Marie Paradis. Dreißig Jahre später folgte ihr die Comtesse d'Angeville. Diesen beiden folgten viele.

te, ein Brieföllchen zu befestigen. Sie hatten eine Brieftaube geschossen, eine Postbotin der Lüfte, einen taubstummen Kurier der guten und der bösen Worte.

»Man sagt, jene Frau, jene Dame also, also die, die hinauf ist zum Montblanc, wie heißt sie gleich, fällt mir nicht ein, jedenfalls haben die Führer erzählt, droben am Gipfel hat sie eine Brieftaube fliegen lassen, ist ja erst ein paar Tage her, eine Brieftaube!« hatte der Mann zum Abbé gesagt.

»Und?«

»Nun, ich habe irgendwie so ein Gefühl. Weiß nicht, warum. Und doch. Ich glaube, daß die hier die Taube vom Montblanc ist. Die wo die Frau droben hat fliegen lassen. Vielleicht hat sie den Brief verloren. Die Führer erzählten, einen Brief hat die Frau hingebunden und sie dann fliegen lassen.«

»Brieftaube hin, Brieftaube her, Frau hin, Frau her, Montblanc hin und Montblanc her. Es ist, wie es ist, da liegt sie, die Taube, und ich werde sie mir schmecken lassen. Hätte Gott es anders gewollt, hätte er sie nicht hierher geführt.«

Daraufhin hatte sich der Abbé gebückt, mit flachen Händen unter den leblosen Körper des Vogels gegriffen, ihn mit größter Behutsamkeit aufgehoben und ins Pfarrhaus gebracht zu seiner Schwester, die ihm von jeher den Haushalt führte.

»Toinette! Toinette, schau, was ich bringe.«

Toinette Coupeau, groß und hager und um ein paar Jahre älter als ihr Bruder, der geistliche Herr, hatte nun den Vogel begutachtet, ihn betastet, mit Händen sein Gewicht geschätzt und rasch befunden:

»Ein schönes Stück. Weißt du, was ich dir mache? Ein Salmis de palombes.«

»Ein Salmis de palombes?«

»Ein Salmis de palombes! Tu du nur, was du zu tun hast, und laß mich machen. Staunen wirst du beim Mittagstisch.« Und wie sie gesagt hatte, war es gekommen.

Allein schon die Herkunft des Rezepts wäre staunenswert gewesen, war doch dieses Salmis de palombes ein vor allem im Baskenland verbreitetes Gericht, doch weil die alpine Geschichte keinen Aufschluß darüber gibt, wie das Wissen um die Zubereitung solchen Leckerbissens von der Grenze zum spanischen Königreich bis an den Fuß des Montblanc gelangen konnte, hatten doch weder Coupeau noch seine

Schwester ihre Heimatregion je verlassen, so muß dieses köstliche Mittagsmahl den Wundern an diesem wundersamen Tag unter gütigem Himmel zugerechnet werden. Doch darüber, über den Ursprung dieses Rezepts, staunte der Abbé weit weniger als über den köstlichen Geschmack.

Toinette hatte die Taube geviertelt und in heißem Öl gebräunt. Dann war die Sauce bereitet worden, indem eine Mehlschwitze mit einem Glas schweren Rotweins abgelöscht und mit einem Viertelliter Bouillon aufgegossen worden war. Anschließend waren die Taubenstücke nebst angerösteten Schinkenwürfeln und kleinen Zwiebeln in diese Sauce gegeben und auf kleiner Flamme geschmort worden. Und dann, und dann – Abbé Coupeau war bei solchem Aroma längst das Wasser im Mund zusammengelaufen – hatte Toinette dieses Gericht serviert, geröstete Brotscheiben dazugestellt, und ihr Bruder hatte glanzäugig die Weinflasche entkorkt.

Zu einem Tischgebet war kaum noch Zeit geblieben. Ein eiliges und unverständliches Gemurmel hatte genügen müssen, bevor die beiden es sich herzhaft schmecken ließen, er mehr als sie, er nämlich drei Taubenteile und sie nur eins, sie mehr Brot und er mehr Wein, sie leise und er laut, beide aber ohne die geringsten Gewissensbisse, eine Brieftaube zu verspeisen, noch dazu vielleicht jene, die von der Comtesse Henriette d'Angeville am Gipfel des Montblanc entsandt worden war.

Immer wieder wischte sich Abbé Coupeau mit dem Handrücken übers fettige Maul, trank von seinem Wein, wobei er auf dem Glasrand unappetitliche Spuren hinterließ, wohlgesinnt und anerkennend nickte er seiner Schwester mehrmals zu, und als er den letzten Bissen getan und die Reste der Sauce mit etwas Brot ausgetunkt hatte, rülpste er laut und kräfig, was einerseits das Mittagsmahl beschloß, andererseits der braven Toinette bedeutete, daß es ihrem Herrn Bruder, dem Pfarrer von Les Contamines, geradezu sonntäglich gemundet hatte. Sie machte sich sogleich wieder an die Arbeit, räumte ab, wusch Geschirr und so weiter und so fort, während sich der Abbé zu Ruhe und Besinnung zurückzog, nicht jedoch, bevor er eigenhändig am langen Seil die zweite Nachmittagsstunde mit der Kirchturmglokke eingeläutet hatte. Wohlgelaunt begab er sich daraufhin in seine Stube, nahm sich die Heilige Schrift vom Bord an der Wand und ließ sich nieder in einem hochlehnigen und bequemen Polsterstuhl. Was konnte schöner sein, als nach so einem Essen zwei Stündchen Ruhe zu haben (um drei würde schon Toinette die Glocke schlagen), etwas Erbauliches zu lesen, einzuschlummern möglicherweise und zu träumen von einem Himmel voll baskischer Tauben, die sich allesamt vierteln und in Sauce garen ließen.

Coupeau schlug die Bibel auf und wollte darin lesen, doch tat er sich schwer an diesem Tag mit der Konzentration. Mehrmals schweifte er ab vom Evangelium des Johannes, und sein Geist schwebte herrenlos umher und begab sich über die felsigen und eisigen Flanken des Montblanc bis hinauf zum höchsten Punkt, den sich der Abbé als kleine Spitze in einer wild zerklüfteten, bedrohlichen, gefährlichen Landschaft vorstellte, was weiter nicht verwundern kann, gab es doch zu dieser Zeit schon eine Vielzahl graphischer Darstellungen aus der Welt der Gebirge, die meisten davon extrem übersteigert, dramatisch überhöht, und es darf angenommen werden, daß derartige Bilder auch dem Pfarrer von Les Contamines zu Gesichte gekommen waren.

»Dort hinauf ist sie also gestiegen, diese d'Angeville. Dieses Luder. Dieses Mannweib. In Hosen«, dachte sich Coupeau, wobei sich Verächtlichkeit paarte mit einer Prise Anerkennung. Denn der Pfarrer war zwar dumm, so dumm aber wiederum nicht, daß er solche Leistung nicht zu ermessen gewußt hätte. Ganz besonders, da ihm persönlich jegliches Leistungsdenken so fernlag wie Paris oder, weil davon schon die Rede war, das wilde Baskenland.

Er hatte so manches erfahren über die Comtesse und ihren Aufstieg zum Montblanc. Zwar lag Chamonix, der Ausgangspunkt dieses Unternehmens, einige gar nicht so unbeschwerliche Meilen entfernt, doch hatte das kühne Ansinnen der d'Angeville wie ein Lauffeuer die Runde gemacht, alle nur erdenklichen Einzelheiten waren auf seltsame Weise von Ort zu Ort gelangt, und die Kunde, daß die Comtesse den Gipfel hatte erreichen können, war schneller bis in die entlegensten Winkel vorgedrungen als brisante Berichte über welt- oder kirchenpolitische Ereignisse. Es war ja auch was: ein Hosenweib auf dem Montblanc. Wirklich allerhand.

So war dem Priester beispielsweise einiges über den sonderbaren Aufzug jener Comtesse zu Ohren gekommen, über ihre geradezu sittenwidrige Kleidung, die zur Bergbesteigung sie angelegt hatte: eine Hemdhose aus englischem Flanell mit eng anliegenden Ärmeln, darüber, man stelle sich solches vor, zwei Männerhemden, zudem weite

Hosen, eine flanellgefütterte Mütze gegen die Kälte und einen breitrandigen, mit grünem Stoff ausgelegten Strohhut gegen die ungehinderten Strahlen der Sonne. Ganz zu schweigen von einer Dose mit Gurkenpomade, die sich Mademoiselle d'Angeville in großer Höhe auf die bloßen Hautstellen geschmiert hat, auf Gesicht und Hände, sowie von einer Bürste, ja einer Bürste, die sie mit sich geführt haben soll, um eventuell durch starkes Schwitzen verursachtem Juckreiz entgegenzuwirken, indem sie sich damit über den Körper rieb, über die Arme und die Schultern, über die Waden und die Schenkel, über die... über die... über die Brüste und den Bauch.

Der Abbé zwang sich, seine Gedanken vom Körper dieser Frau zu lösen. Er vergegenwärtigte sich den feinen Nachgeschmack vom Mittagessen in seinem Mund, er löste mit den Fingernägeln Fleischreste aus den Zähnen und fand wieder zur inneren Ruhe.

Dennoch: Was waren das doch für Zeiten, in denen man da lebte. Das Hinaufsteigen auf Berge schien förmlich Mode zu werden, immer mehr kamen, um sich an diesem Tun zu versuchen, Paradiesvögel aus allen möglichen Ländern, allen voran die Briten, naja, was hätte man von dieser Sorte anderes erwarten können, doch daß nunmehr auch Frauen danach strebten, Berge zu besteigen, diese unsinnigen Berge, das war schon die Höhe. Kein Mensch hat etwas verloren dort oben, dachte Coupeau, und schon gar keine Frau. Eine Frau gehörte in seinem Weltbild an den Herd, sollte den Mann versorgen, Kinder gebären nach Gottes überliefertem Willen, sie großziehen und dem Gemahle willfährig sein, auch tat sie gut daran, wenig Eigenständigkeit zu entwickeln, auf den Mann zu vertrauen, sich in seine Hand zu begeben, sich führen zu lassen, wohin der auch immer wollte.

Solches Frauenbild konnte man finden in der Heiligen Schrift, dem Neuen Testament, und von jenen Weibsbildern, die durch ihre öffentlichen Unarten auszubrechen versuchten aus der wohlgefügten Gesellschaft, konnte er als ein Mann des Glaubens nichts Besseres annehmen, als daß sie vom Teufel geritten würden, woran sie wohl gar noch jauchzenden Gefallen hätten.

Fast ein wenig heftig schlug Coupeau die Bibel zu, abgelenkt von allzu weltlichen Dingen hatte es ja doch keinen Sinn, im Leben Jesu zu lesen. Statt wie an anderen Nachmittagen der Frömmigkeit zu frönen und sich von ihr in sanften Schlaf wiegen zu lassen, hing er an diesem Tag einzig seinen eigenen Gedanken nach: Wie sich die Welt immer mehr zu ihrem Nachteil veränderte; wie sich allerorten Dinge ereigneten, die bis in die Bergdörfer Unruhe trugen und die Gläubigen nicht selten zu verwirren vermochten; wo all das noch hinführen sollte, in welche unselige Zukunft? Zwei Frauen waren mittlerweile auf dem Montblanc gestanden, zwei Frauen im Abstand von dreißig Jahren. Coupeau erinnerte sich gut. Er war jetzt Anfang sechzig und in Les Contamines schon Pfarrer gewesen, als am 14. Juli 1809 eine Weibsperson aus Chamonix, Marie Paradis mit Namen, hinaufstieg zum Gipfel des eisigen Monarchen, begleitet von sechs Männern, die wohl ihren Spaß daran hatten, sich vor ihr zu produzieren, indem sie diese schlichte Bauernmagd mit dem kleinen Hirn und dem breiten Hinterteil über die unendlichen Flanken des Berges hinaufschoben und hinaufzerrten. Auch wenn dies bereits drei Jahrzehnte zurücklag, vermochte sich Coupeau doch noch an einige Einzelheiten der damaligen Begebenheit zu erinnern, so wie sie ihm sein Priesterkollege aus Chamonix brieflich hatte zukommen lassen. Weil sie eine arme Magd gewesen sei und ein paar Führer ihr auf den Hintern geklopft und mit guten Einnahmen durch neugierige, sensationslüsterne Fremde gelockt hätten, deshalb hätte sie sich überhaupt bereit erklärt, die Bergbesteigung zu wagen. So oder ähnlich hatte es Abbé Fantin damals mitgeteilt und in den weiteren Ausführungen aufs schärfste verurteilt, daß eine Frau auf solchen Gedanken verfallen könne, um wenige Zeilen weiter dieser Marie Paradis dann doch die Absolution zu erteilen, nicht nur, weil es sich in ihrem Falle um eine gänzlich ungebildete und deshalb in mancherlei Hinsicht leicht zu übertölpelnde Frau gehandelt habe, sondern auch aus dem sehr triftigen Grund, weil sie bei ihrem, wenn schon nicht gotteslästerlichen, so doch zumindest völlig verrückten Unterfangen alle Sünden gebüßt hätte. Erschöpft sei sie immer wieder im Schnee gelegen, glaubend, nicht mehr den nächsten Schritt tun zu können, schnaufend wie ein Huhn, das es sehr heiß hat, zwei Führer hätten sie dann gestützt und weitergeschleppt, bis ein nächster Schwächeanfall in ihr den Wunsch habe aufkommen lassen, in einer der unzähligen, unendlich tiefen Gletscherspalten sterben zu können, erlöst von den Qualen des nicht enden wollenden Gehens, erlöst von den Schmerzen, die ihren ganzen Körper quälten.

Doch war sie bis zum Gipfel gelangt, und Fantin, der später noch oft mit ihr zu tun hatte, nahm er ihr doch auch die Beichte ab, hatte also sozusagen aus erster Hand berichten können: Nichts habe die Paradis von dort oben gesehen, nichts und nochmal nichts. Unfähig zu sprechen, atemlos und nicht in der Lage, klar zu sehen, das sei das Ergebnis ihrer sinnlosen Tortur gewesen. »Es war ganz weiß, da, wo ich stand, und ganz schwarz da unten im Tal«, soll die Magd in Chamonix erzählt haben.

Natürlich hatte es allerhand Aufregung gegeben in den Orten der Umgebung, Coupeau erinnerte sich genau. Eine Frau war auf den Gipfel gelangt und wieder ins Tal zurückgekehrt, mehr tot als lebendig zwar, aber immerhin. In den Wirtshäusern war einige Wochen lang von nichts anderem die Rede gewesen als von dieser Marie, die Männer hatten mit den Zungen geschnalzt und Zoten gerissen, auch waren in der Tat ein paar Fremde gekommen, um die Montblanc-Besteigerin zu bestaunen, doch bald hatte sich der Rummel verflüchtigt, der Alltag war wieder eingekehrt, und weil von da an keine Frau mehr es Marie Paradis gleichtun wollte, war die ganze Geschichte bald in ziemliche Vergessenheit geraten.

Und wieder schlug der Abbé die auf seinen Schenkeln liegende Bibel auf, gedankenverloren und ziellos zunächst, er blätterte darin, wunderte sich über manchen Fettfleck, manches Eselsohr, staunte darüber, daß diese seine Heilige Schrift so einen alten und abgenutzten Eindruck machte, und er bemerkte nicht, daß dieses Buch äußerlich zumindest sein Spiegelbild war, daß es wie er nichts Neues mehr wissend, nichts Neues mehr sagend ohne eigentlichen Sinn war. Wenn Coupeau tot wäre, eines Tages, und allmählich zu Staub zerfiele, dann würde Staub auch diese Bibel bedecken, irgendwo im hintersten Pfarrhauswinkel würde sie ein unbeachtetes Dasein fristen, vergessen werden, sterben unter Staub. Gewiß würde der neue Pfarrer eine neue Bibel haben, mit Goldschnitt und seidigen Seiten, und erst die Jahre würden darin Flecken und Eselsohren hinterlassen.

Coupeau hielt mit dem Blättern inne an jenen Stellen, die er mit bunten Fäden eingemerkt hatte. Ist es ungewöhnlich, daß gerade die Berichte von Jesu wundersamer Brot- und Fischvermehrung am See von Tiberias zu seinen liebsten Bibeltexten gehörten? Und die Hochzeit von Kanaa, wo aus Wasser Wein geworden war, weißer oder roter, was tut's zur Sache, Wein in jedem Falle, köstlicher, süffiger, schläfrig machender Wein.

Es fiel ihm der Kopf auf die Brust, dann warf irgendein Reflex seinen ganzen Oberkörper zurück, so daß Rücken und Hinterkopf an der

Lehne des Stuhles lagen, der Kopf hing schräg zur Schulter hin, der Mund war etwas geöffnet, die dicke Zunge verursachte leise Schnarchlaute. Abbé Coupeau schlief. Mit einiger Verspätung hatte ihn an diesem Tag der Herr in sein Reich der Träume geholt, aufgefordert zur Gratwanderung zwischen Diesseits und Jenseits, eingeladen zu einem schwerelosen Ausflug auf einer willkürlich treibenden Wolke. Abbé Coupeau schlief. Und Abbé Coupeau träumte. Er träumte vom Montblanc. Und von der Comtesse d'Angeville. Er träumte sie nackt. Sie stand in einem Spiegelkabinett und ließ sich von Zofen und Hausdamen die Bekleidung für die Bergbesteigung anlegen, die zarte Unterwäsche zuerst, darüber warmwollene, dann die schenkellangen Strickstrümpfe, die Hosen und die Männerhemden und all das Zeug. Und in allen Türen, die hineinführten in den Spiegelsaal, standen die Bergführer und die Träger, das heißt, sie hielten sich hinter den Türstöcken verborgen, nur ihre Gesichter lurten herein, und ihre Augen strahlten genießerische Verwunderung über diese schamlose Ankleidezeremonie. Dann stand sie da, die d'Angeville, in ihrer ganzen alpinistischen Pracht, Nagelschuhe an den Füßen und eine lange Alpenstange in der behandschuhten Faust.

Und Coupeau träumte weiter: Vom 3. September 1838, vom Aufbruch in Chamonix, allen voran der Führer Joseph-Marie Couttet, weitere fünf Bergführer und sechs Träger und sich selbst an der Seite der trotz schwerer Stiefel leichtfüßigen Mademoiselle Henriette. Er träumte von einer Biwaknacht an den Grands Mulets, einer kühlen Nacht unter sternklarem Himmel, und es fror ihn bis in seinen biederen Pfarrhausschlaf. Auch träumte er vom Frühstück, einer Fleischbrühe, von innen her wärmend und gar nicht schlecht im Geschmack, sowie von zwölf Pflaumen, und wie er das Fleisch von den Kernen nagt und sie ausspuckt ins Gletscherweiß. Er sieht die Comtesse schwindlig werden, weiter oben am Berg, wo die Luft dünn ist und jeder Schritt anstrengt, und er wundert sich, wie leicht, wie schwerelos er selbst steigt, sorglos zwischen abgrundtiefen Gletscherspalten, federleicht über trügerische Firnbrücken, mit sicherem Tritt die senkrechten Leitern empor, die von den Führern zur Überwindung felsiger und eisiger Hindernisse aufgestellt sind.

Die Führer nehmen die Comtesse ans Seil, stützen sie ein wenig, geleiten sie weiter den Berg hinan. Nun macht die Anstrengung ihr gehörig zu schaffen. Coupeau hört sie sagen: »Sollte ich sterben, bevor ich den Gipfel erreiche, so versprechen Sie mir, daß Sie meinen Leichnam bis nach oben hinaufschleppen.«

Doch plötzlich geht es nicht mehr höher. Des Berges höchste Höhe ist erreicht. Die Comtesse läßt sich neben dem Abbé in den Schnee fallen, und mit acht weiteren Besteigern des allerhöchsten Alpenberges schaut man in die Runde der unzählbaren Berggestalten, der eisigen Kuppen, der versteinerten Flammen. Coupeau sucht Rom am Horizont, und Venedig und Paris und das weite endlose Meer, doch ohne Erfolg. Die Comtesse schreibt auf ein kleines Billet: »Um ein Uhr fünfundzwanzig ist Mlle d'Angeville... auf dem Gipfel des Montblanc angelangt.« Sie bindet das Briefchen an das Bein einer Taube und läßt sie fliegen. Und Coupeau schaut der Taube nach, die aufgeregt ein paar enge Kreise in geringem Abstand vom Gipfel zieht, um erst dann in den Sinkflug überzugehen, Coupeau schaut ihr nach, schaut ihr nach, schaut ihr nach, bis er den dunklen Flaumring am Hals kaum mehr erkennen kann, bis er sie schließlich ganz aus den Augen verliert.

Dann spürt er die Hände der Comtesse zart an seinem Arm, sie rüttelt leicht an ihm.

»Es ist an der Zeit. Gleich ist es vier.«

»Ein bißchen noch. Nur noch ein wenig im Schnee sitzen und schauen«, sagte Coupeau und hielt weiterhin seine Augen geschlossen.

»Was redest du da?«

»Nicht gleich wieder hinab den weiten Weg durch Schnee und Eis«, bettelte er.

Nun wurde heftiger an seinem Arm gerüttelt, und der Abbé wunderte sich, daß die an sich zierliche Mademoiselle d'Angeville gar so energisch zu sein vermochte. Widerwillig öffnete er die Augen. Was mußte er sehen! Statt der Comtesse mit ihrem jugendlichen Antlitz stand da seine Schwester über ihn gebeugt, hager das Gesicht, die Haut überspannte die spitzen Wangenknochen, ihre Augen schienen müde, die Mundwinkel zeigten nach unten, und wenn sie die Lippen zum Sprechen öffnete, dann kamen schlechte Zahnreihen zum Vorschein.

»Es ist an der Zeit«, sagte sie noch einmal und nahm ihrem Bruder die Heilige Schrift von den Beinen. Abbé Coupeau schüttelte sich, um den Schlaf, den Traum, eine andere Wirklichkeit loszuwerden.

»Dummes Zeug«, dachte er bei sich. »Frauen auf dem Montblanc!« Und er beschloß unnachsichtig, bei der nächsten Sonntagspredigt diese Montblancbräute gehörig anzuprangern, auf daß nicht noch mehr Weibsbilder auf den Gedanken kämen, ihre Pflichten vernachlässigend auf Berge zu steigen.

Dann begab er sich zur Kirche, kniete sich, des Allerheiligsten ansichtig, kurz nieder und machte ein Kreuzzeichen und läutete sodann mit dem derben Glockenstrick die fünfte Stunde des Nachmittags ein. Auf und ab ging der Seilstrang. Auf und ab mußte der Abbé. Und als ob es seinem Körper gar nicht recht wäre, so unvermittelt in die Pflicht genommen, in heftige Bewegung versetzt zu werden, stieß ihm der Magen auf. Einmal, zweimal, dreimal. Auf diese Art kehrte der Geschmack von angerösteten Zwiebeln und angebratenem Speck in seinen Mund zurück. Er schmeckte das Salmis de Palombes, schmeckte das Fleisch der in Öl gebräunten Taube, jener Brieftaube vom Montblanc.

Hintergründe

Recherchen zur Person des Finanzbeamten Erwin M., der am Großvenediger den Spuren der Erstbesteiger folgend auf tragische Weise ums Leben kam

Nicht mehr zu rekonstruieren war der Hergang des Unfalles, der am Großvenediger (Hohe Tauern) zum Tod des zweiundvierzigjährigen Finanzbeamten Erwin M. aus Braunschweig geführt hat. Als man, begünstigt durch Zufälle, seine Leiche eingekeilt in einer Gletscherspalte in etwa fünfundzwanzig Meter Tiefe fand, lag das Unglück drei Jahre und sechs Wochen zurück. Der herbeigerufene Bergrettungsdienst barg den im Eis vollständig konservierten Leichnam, wobei unter anderem der Einsatz von Preßlufthämmern erforderlich war, um den verdrehten Körper aus der Enge der eisigen Spalte zu befreien. Die Identifizierung erwies sich als unproblematisch, fand sich doch in den brettsteif gefrorenen Kleidungsstücken des Toten eine Brieftasche mit Personalausweis, Bahnkarten, einer Monatsmarke für die braunschweigischen öffentlichen Verkehrsmittel sowie einer Fotografie, die eine junge Frau mit zwei kleinen Kindern zeigte, die allesamt lächelnd auf einem Sofa saßen, über dem ein Ölgemälde mit Gebirgslandschaft aufgehängt war. Rätselvoll hingegen blieb, sieht man einmal von der Frage nach der eigentlichen Unfallursache ab, ob Erwin M. beim Sturz in die Spalte sofort zu Tode gekommen oder etwa erst nach Stunden, besinnungslos oder bei Bewußtsein, verstorben war. Auch die Gerichtsmedizin konnte darüber keine zweifelsfreien Erkenntnisse gewinnen.

Ungeklärt blieb zunächst auch, warum Erwin M. am Venediger in eine Gletscherspalte gestürzt war und nicht, wenn es denn schon sein sollte, im Gebiet der Zillertaler Alpen. Mit diesem Ziel nämlich war er in Braunschweig abgereist, wie seine Witwe bestätigen konnte, wie an den Bahnkarten unschwer festzustellen war.

Während die Gendarmerie noch intensiv damit beschäftigt war, diesen Schleier zu lüften, veröffentlichten diverse Lokalzeitungen bereits definitive Erkenntnisse beziehungsweise was Redakteure und Journalisten für solche hielten beziehungsweise was in ihren Augen das Publikum als definitiv erwartete. Es war vom Leichtsinn des Flachlandtirolers die Rede, der sich ungesichert auf den gefahrvollen

Gletscher begibt, unerfahren zudem und nur auf den ersten Blick besehen hinreichend ausgerüstet. Es genüge nicht, schrieb ein Eifriger in einer unseligen Mischung aus Nachricht und Kommentar, sich im Sportgeschäft auszustatten mit einem Paar bequemer Trekkingschuhe, einem Rucksack in modischen Farben, einem atmungsaktiven und deshalb sündteuren Anorak und sich in solcher Montur für einen Alpinisten zu halten. In einem anderen Blatt wurde der Unglücksfall zum Anlaß genommen, den Einsatzleiter des örtlichen Bergrettungsdienstes zu Wort kommen zu lassen, was dieser dazu nutzte, sich über die Bewohner alpenferner Gegenden abfälligst auszulassen, endend in der Meinung, diese sollten am besten daheim bleiben oder allenfalls von den Balkons der Sporthotels, der Pensionen und der privaten Quartiere in die Berge schauen. Er, sagte der in vielen Einsätzen an Erfahrung Gereifte, fahre auch nicht an den Nordseestrand und bilde sich ein, zu Fuß durchs Watt laufen zu können bis zu den Inseln. Einig waren sich alle Blätter darüber, daß es sich bei dem Unglück am Großvenediger um etwas durchaus Vermeidbares gehandelt habe, einen Unfall, herbeigeführt durch Ignoranz und Leichtsinn, durch übersteigerte Selbsteinschätzung und unterschätzte Risiken. Noch bevor die Polizeibehörden Klarheit in diese Angelegenheit zu bringen vermochten, stand für phantasielose Journalisten alles zweifelsfrei fest, insbesondere, daß es sich bei dem Toten aus der Gletscherspalte, bei Erwin M., Finanzbeamter aus Braunschweig, wieder einmal um einen der leidigen Halbschuhtouristen gehandelt habe, selbst schuld und darob nicht der Verschwendung von Mitgefühl wert.

Doch hat nicht jeder Tod wie jedes Leben seine Geschichte? Der nachzuspüren von Interesse ist, zumal, wenn dieser Tod unverständlicherweise in einem ganz anderen Gebiet eintritt, als dies von vornherein hätte zu befürchten sein können. Es war vonnöten, um einige Klarheit zu bekommen, die Hinterbliebenen aufzusuchen, allen voran die Witwe, Frau Anja M., die nach unterkühltem Empfang sich mit ihren mittlerweile schulpflichtigen Kindern auf eben jenem Sofa unter dem Ölbild niederließ, das die Fotografie in der Brieftasche des Toten (neun mal dreizehn, matt) gezeigt hatte. Bereitwillig gab sie nach anfänglichem Zögern Auskunft über ihres Mannes Leben.

Als man ihn fand und sie verständigt worden sei, sagte sie, habe sie längst nicht mehr an einen guten Ausgang der ganzen Sache geglaubt. Nicht nach drei Jahren, drei Jahren und sechs Wochen. Natürlich sei die Hoffnung nie ganz dahin gewesen, wer gäbe schon gänzlich auf, ließe ein letztes Fünkchen verlöschen. Ein ungutes Gefühl habe sie von Anfang an gehabt, als er nicht wie vereinbart nach einer Woche wieder zurückgekehrt sei, ausgeblieben sei ohne telefonische Benachrichtigung, was ganz und gar nicht seinem Naturell entsprochen habe. Er war Finanzbeamter, bemerkte sie an dieser Stelle, um mit dieser Berufsbezeichnung die ihrem Manne eigene Zuverlässigkeit und sein Verantwortungsbewußtsein zu unterstreichen. Zwar wäre sie nicht sogleich in Panik geraten, sondern habe, obwohl sie vom Gebirge an sich nichts verstünde, zunächst vermutet, daß es ihn auf irgendeiner Berghütte eingeschneit habe. Erst nach zwei Tagen habe sie die Polizei verständigt, die dann wohl mit den österreichischen Kollegen im Zillertal Kontakt aufnahm, um Nachforschungen und Suchaktionen in die Wege zu leiten.

Es war eine furchtbare Zeit, sagte Frau M. Da war die fürchterliche Sorge um den Ehemann und Vater der beiden kleinen Kinder, Oliver und Thomas, zudem verwirrten sie die Fragen der Polizeibeamten. Ob Erwin M. vielleicht irgendwo eine Freundin haben könnte, Sie verstehen schon. Ob ihr Mann übermäßig verschuldet gewesen wäre oder die Möglichkeit zu finanziellen Unterschlagungen bestanden habe. Frau M. schilderte diese Wochen als vollkommen verwirrend, eine Zeit, in der sie nicht mehr gewußt habe, wo ihr der Kopf stehe, hin- und hergerissen zwischen Hoffnung und Zweifel, Panik und Wunderwünschen.

Sie sei durch all diese Spekulationen selbst so verunsichert worden, daß sie ihrem guten Mann bald alles mögliche zugetraut habe. Daß er mit einer Frau auf und davon sei, wäre ihr zwar nicht vorstellbar gewesen, aber immerhin soll es doch bisweilen ganz und gar brave Ehemänner und Familienväter geben, die plötzlich, spät und unerwartet, eine Sturm-und-Drang-Zeit erfahren, in fortgeschrittenen Jahren eine pubertäre Phase ausleben, wie ihnen das aus welchen Gründen auch immer in der Jugend versagt gewesen ist. Man lese so viel in der Zeitung. Männer sollen nur um die Ecke zum Zigarettenholen gegangen sein, um dann nie mehr heimzukommen. An manchen Tagen der Verzweiflung habe sie sich ernstlich gefragt, ob ihre Sorge um sein Leben berechtigt sei. Ob er nicht vielleicht auf einer Südseeinsel im Liegestuhl sitze und es sich gut gehen lasse, um vielleicht eines schönen Tages wieder vor der Tür zu stehen. Schönen Tages, sagte Frau

M., beiläufig zwar, aber gerade die Beiläufigkeiten beinhalten nicht selten die Wahrheit.

Daß ihr Mann irgendwo einem Verbrechen zum Opfer gefallen sein könnte, habe sie nie ernstlich erwogen. Wenn ihm etwas zugestoßen sei, dann in den Bergen, wohin es ihn von Jahr zu Jahr mehr gezogen habe. Aus dieser Überzeugung heraus habe sie etwa drei Monate nach seinem Verschwinden in den Mitteilungsblättern des Österreichischen und des Deutschen Alpenvereins Suchmeldungen mit Bild lanciert, worin unter anderem gefragt wurde, wer Erwin M., bekleidet mit dies und das, in der Zeit von–bis zuletzt gesehen habe. Freilich mußte diese Aktion, wie ihr nun klar wäre, ohne Erfolg bleiben, schließlich konnte überhaupt niemand ihren Mann in den Zillertaler Alpen zuletzt gesehen haben, da er in Wirklichkeit nie auch nur bis Mayrhofen gekommen war. Wahrscheinlich habe er während der Bahnfahrt umdisponiert und sein erklärtes Ziel geändert. Statt Zillertal Tauern. Statt Überschreitungen von Hütte zu Hütte, zum Beispiel von der Berliner Hütte zum Furtschaglhaus, der tragisch endende Versuch am Großvenediger, der nach Auskünften der Witwe der Traumberg von Erwin M. gewesen sein soll, das Ziel aller Wünsche, jener Berg, auf den sich alle Sehnsüchte konzentrierten. Überhaupt soll mit dem Großvenediger bei ihm alles angefangen haben.

Bei einer kleinen Kunstausstellung, vorwiegend Gemälde wenig bedeutender Maler, im Foyer eines großen Bankhauses, erzählte Frau M., habe ihr Mann zum erstenmal den Großvenediger gesehen. Ein kitschig-verklärtes Bild, bei dem der Himmel zu blau, die Gletscher zu weiß, die Bäche, der Wald und die Wiesen zu grün gewesen seien, zeigte den Venediger als eisübergossene Pyramide über sanftem Almenland. Ihr Mann sei so beeindruckt gewesen, daß er spontan den Wunsch geäußert habe, einmal auf diesem Berg zu stehen, im übrigen den anderen Exponaten, von denen viele von besserer Qualität gewesen seien, keinerlei Aufmerksamkeit mehr geschenkt habe.

Wie Frau M. dann weiter ausführte, habe ihr Mann in der Folgezeit alles über den Großvenediger zusammengetragen, dessen er habhaft werden konnte. Zunächst habe er sich mit Leihbüchern aus der Stadtbibliothek begnügt, bald aber sei er dazu übergegangen, alles Erhältliche in den Buchläden zu kaufen oder zu bestellen, weil im bergfernen Braunschweig das alpine Schrifttum naturgemäß nicht gerade dominiere und kaum ein Händler das Gewünschte zu diesem Thema vorrätig halte. So sammelte sich über die Jahre eine Fülle von Material an, Bücher und Karten, Zeitungsausschnitte und Fotokopien, antiquarische Schätze und Kalenderbilder aus der jüngsten Vergangenheit.

Natürlich verstehe sie von der ganzen Bergsteigerei nicht viel, räumte Frau M. ein, und doch möchte sie zu behaupten wagen, daß es nur wenige gebe, die über die Hohen Tauern und im speziellen den Großvenediger so gründlich Bescheid wüßten, wie dies ihr Mann getan habe. Alles, alles habe er sich an Wissen angeeignet. Mit der Sage habe er sie verunsichert, überliefert die doch, daß Hirten und Schafsucher einst bis weit in die Region des ewigen Eises hinaufgestiegen seien und aus den Höhen einen Ausblick bis hin zur Traumstadt Venedig gehabt haben sollen. Selbst sie sei da stutzig geworden; ob das denn möglich sei, von den Bergen Österreichs zur Lagunenstadt an der Adria? Bei nichts sonst habe Erwin M. so ins Schwärmen geraten können wie bei der Besteigungsgeschichte seines Großvenedigers. Alle wichtigen, historisch bedeutsamen Unternehmungen seien ihm geläufig gewesen, sagte Frau M. Wenn er wieder Berichte in alten Bergzeitschriften oder angestaubten Büchern fand, dann habe er ihr die Fotokopien zum Lesen gegeben oder wenn er Details darin für besonders köstlich gehalten habe, ihr auch vorgelesen, abends, in einer ruhigen halben Stunde, wenn die Kinder längst im Bett gewesen waren.

Was die Kinder beträfe, so sei es ja anfangs mehr als schwierig gewesen, ihnen das Ausbleiben des Vaters plausibel zu machen. Zum Glück hätten sie die wahre Tragweite der Situation verstandesmäßig nicht erfassen können, so daß man sich als Antwort auf ihr Fragen und Quengeln damit behelfen konnte, Vati habe eine große Reise zu tun und würde bald, eines schönen Tages, wieder nach Hause kommen. Wieder sagte Frau M. »eines schönen Tages«. Später dann, fuhr sie fort, seien die Fragen der Kinder allmählich immer seltener geworden, und heute erscheine es ihr, als ob ihr Mann bei den Kindern fast völlig vergessen wäre, worüber sie nur froh sein könne, denn die Kinder seien noch sehr klein gewesen, seien es immer noch, und so wäre es nur gut, daß ihnen die wirkliche Wahrheit nicht schockierend offenbart werden mußte. Dies alles erzählte Frau M., während die Kinder, Oliver und Thomas, längst wieder vom Sofa gehopst und in ihr Zimmer verschwunden waren, aus dem von da an unablässig ein gehobener Geräuschpegel drang, an diversen Einzelheiten jedoch das lebhafte Spiel mit einer Autorennbahn herauszuhören war. Auch nun, wo alles unverrückbar feststünde, wolle sie den Kindern die Wahrheit verschweigen, fügte Frau M. hinzu.

Aus einem Nebenraum holte sie zwei prallvolle Leitzordner, deren Rücken säuberlich beschriftet waren: Großvenediger 1, Großvenediger 2/Hohe Tauern. Darin habe ihr Mann alles aufbewahrt. Und in der Tat, die beiden Ordner beinhalteten alles Wesentliche zur Geschichte dieses Berges, zur Geographie, Geologie, Flora und Fauna, es fehlte nicht die Besiedlungsgeschichte der umliegenden Täler, nicht die Kultur, nicht Tradition und alpenländisches Brauchtum im Venedigergebiet, es fehlte an nichts, und so hätte all dies durchaus als Materialsammlung zu einer Doktorarbeit erscheinen können. Freilich mit dem Unterschied, daß bei aller akribischen Ordnung doch nicht mit wissenschaftlicher Genauigkeit sortiert und ausgewertet war, daß irgendwie der Eindruck nicht zu leugnen war, dies alles habe ein Laie zusammengetragen, dessen Herz mit aller Leidenschaft für nichts anderes schlug als für diesen Berg und dessen vorrangigster, innigster Wunsch einzig und allein der war, einmal oben zu stehen am 3674 Meter hohen Gipfel, um vielleicht doch bis nach Venedig zu schauen.

Auf unzähligen fotokopierten Seiten war der erste ernsthafte Besteigungsversuch geschildert, 1828, als Erzherzog Johann von Österreich als Initiator des Unternehmens unter Führung des Försters Paul Rohregger mit fünfzehn Begleitern den Berg über die Nordwestflanke erobern will, die ganze Expedition aber scheitert, weil Rohregger nicht weit unter dem Gipfel von einer Lawine mitgerissen und ernsthaft verletzt wird.

Doch habe es ihm besonders das Unternehmen der Erstbesteigung angetan, erläuterte Frau M. Eine Beamtenexpedition habe Erwin M. das erfolggekrönte Unterfangen von 1841 gerne genannt und vielleicht deshalb zu den Gipfelstürmern eine geradezu kollegiale Zuneigung empfunden. Und wirklich: Die Vordenker der Erstbesteigung standen alle im Dienst des Staates. Anton Edler von Ruthner, k.u.k. Notar in Salzburg. Josef Lasser Ritter von Zollheim, Minister in spe.

Der Großvenediger, 3674 m. Mit seiner berühmten Nordwestwand, die 1891 von Eugen Guido Lammer im Alleingang durchstiegen wurde, erhebt er sich über dem spaltenreichen Obersulzbachkees. Schon fünfzig Jahre zuvor war Anton von Ruthner und seinen Begleitern die erste Besteigung dieses sagenumwobenen Berges gelungen.

Otto Maier Ritter von Gravenegg, k.u.k. Gesandter in Wien. Ignaz von Kürsinger, Pfleger von Mittersill.

So unendlich beeindruckt habe ihren Mann diese historische Erstbesteigung des Berges, erzählte Frau M. Wie die insgesamt vierzigköpfige Bergsteigergruppe in tiefster Nacht vor den Almhütten im Obersulzbachtal sich versammelt, um mit einem laut gesprochenen Vaterunser göttliches Wohlwollen für ihr Ansinnen zu erbitten. Die noblen Herren aus den Städten ebenso wie die in Tracht gekleideten Führer, Jäger und Bauern aus dem Pinzgau. Wie sich dann alle hochmühten über brüchiges Geschröf, steinschlaggefährdet und in ständiger Angst, wie dann am frühen Morgen der Gletscher betreten wurde, nachdem sich alle als Schutz vor der kräftigen Höhensonne die Gesichter mit in Öl zerlassenem Schießpulver geschwärzt hatten. Auch sie gingen ohne Anwendung des Seiles, vierzig Personen, bergunerfahrene darunter, und nichts passierte. Wie man emporstieg zur Scharte zwischen Klein- und Großvenediger, wobei die Steilheit so manchen kurzatmig werden ließ, Ohrensausen hervorrief, sogar Brechreiz, und einige schließlich zurückbleiben und den Rückweg antreten mußten. Und wie schließlich die Zäheren der Gruppe, die Ausdauernderen und Willensstärkeren nach langer Mühsal den Gipfel erreichten, Josef Schwab, genannt Hausstatter Sepp, einer der Führer, als erster, gefolgt von Ruthner, dahinter der Weyerhofbauer Peter Meilinger, dann Paul Rohregger, der dreizehn Jahre zuvor in der Nordwestflanke verunglückt war und nun achtundsechzigjährig am Gipfel stand, und dessen Sohn. Sechsundzwanzig Mitglieder der Expedition zum Großvenediger erreichten am 3. September 1841 den Gipfel, darunter auch Kürsinger, Ritter von Lasser und Maier von Gravenegg.

Sie glaube, sagte Frau M., Witwe des in einer Gletscherspalte am Venediger ums Leben gekommenen Erwin M., daß ihr Mann nur zu gern einhundertfünfzig Jahre früher gelebt und teilgenommen hätte an dieser Expedition der Beamten. Das müsse man schon wissen, um

Das Matterhorn.
Die Erstbesteigung am 14. Juli 1865.
Die Tragödie am selben Tag.
Was müßte man sonst noch sagen?

den Tod ihres Mannes halbwegs verstehen zu können. Sei doch dieser vermaledeite Berg mehr und mehr zur fixen Idee geworden, und vom Versuch, dort hinaufzusteigen, habe ihn lediglich der berechtigte Zweifel an den eigenen Kenntnissen und Fähigkeiten abgehalten. Lange Zeit zumindest.

Einmal sei sogar die ganze Familie zur Ferienzeit nach Mittersill. Großvenedigernah. Doch es hatte geregnet bei der Ankunft, kein Berg zu sehen, und es hatte nicht aufgehört zu regnen, als sie nach drei Tagen wegen Olivers Keuchhusten vorzeitig die Heimreise hatten antreten müssen. Doch heute erscheine es ihr, rückblickend, als hätte diese Wettererfahrung ihren Mann in keiner Weise abgeschreckt, sondern noch mehr herausgefordert. Er sei, so Frau M. wörtlich, ein Besessener gewesen, zwar ohne dabei Beruf oder Familie ernstlich zu vernachlässigen, immerhin aber durch kaum sonst etwas zu begeistern als dieses seltsame Hobby, das für einen Braunschweiger doch immerhin ungewöhnlich gewesen wäre.

Entschieden verwehrte sie sich jedoch gegen den Vergleich des heroischen, todessehnsüchtigen Eugen Guido Lammer mit ihrem Mann. Lammers erstmalige Durchsteigung der Großvenediger-Nordwestwand, fünfzig Jahre nach dem Erfolg der Beamtenexpedition, hatte zwar in der Materialsammlung ihres Mannes breiten Raum eingenommen, doch wollte sie unterstrichen haben, daß zwischen dem kühnen Alleingänger Lammer und Erwin M. wohl keinerlei Ähnlichkeiten bestanden hätten. Gewiß, auch von Lammers kühner Tat habe er geschwärmt und ihr dessen pathetische Niederschrift des Venedigererlebnisses vorgelesen, hin- und hergerissen zwischen Bewunderung für die alpinistische Leistung und leichtem Spott für den Stil dieser Ausführungen. Nein, ein mutiger, gar todesmutiger Mensch wäre ihr Mann nie gewesen, und es gäbe keine Lebenslage, in der sie sich ihn als solchen hätte vorstellen können.

Er war kein guter Bergsteiger, räumte sie ein. Ein Träumer und Schwärmer, das ja. Und ein alpiner Wanderer, der sich mit Vorliebe in Höhen um die zweieinhalbtausend Meter aufhielt, darüber hinaus natürlich enorm stolz gewesen sei auf die drei oder vier wohl nicht gar so schwierigen Dreitausender, die ihm in seiner letztlich kurzen Alpinistenlaufbahn geglückt waren. Es gäbe für sie überhaupt nur die eine Erklärung, resümierte Frau M., daß ihr Mann beim Aufstieg zum Großvenediger, an den er sich heimlich gewagt habe, damit ihm, dem

Unerfahrenen, niemand mehr Hindernisse in den Weg habe legen können, in schlechtes Wetter geraten sei, in Regen, Schnee, Sturm, in Nebel vielleicht, was seinen Gletscherspaltensturz mehrere hundert Meter abseits der üblichen Route, die fast immer breit in den Firn getreten sei, erklärbar machen würde. Vielleicht habe er noch herumirrend auf dem Eise um Hilfe gerufen, doch seien seine Rufe von dichten Wolken geschluckt worden. Gewiß sei die Überlegung, zum Venediger zu fahren, plötzlich gekommen. Vielleicht bei der Bahnfahrt durch Bayern und Österreich, wo die Berge sich in den blauen Himmel recken und, sie kenne das ja mehr oder weniger hauptsächlich von Fotos in Büchern, gewiß allerlei bergsteigerische Wünsche zu wecken vermögen. So nur könne es gewesen sein.

Für sie selbst, sagte Frau M. abschließend, sei die definitive Meldung vom Tode ihres Mannes letztendlich nicht mehr überraschend gekommen. Sie habe sich nach etwa zwei Jahren des Wartens und der Hoffnung in ihr Schicksal ergeben, sich damit abgefunden, daß er nicht mehr kommen würde. Das Leben hatte weitergehen müssen, das sei sie den Kindern schuldig gewesen und schließlich auch sich selbst. Was nicht heißen solle, daß sie nicht auch froh gewesen sei, durch die Benachrichtigung der Polizei vom Fund der Leiche endgültige Klarheit erhalten zu haben und nun mit ihm auch allerletzte Zweifel begraben könnte. Wenn man jemanden sehr mag, sagte sie, dann wünsche man ihn lieber tot als ihn jemand anderem zu gönnen.

Im übrigen bemühte sich Frau M. in diesen Tagen darum, ihren verunglückten Mann Erwin M., Finanzbeamter aus Braunschweig, in Mittersill beerdigen zu lassen. Einige behördliche Zusagen standen noch aus. Frau M. war der Ansicht, daß ihm selbst ein Grab am Fuß des Großvenedigers am allerliebsten gewesen wäre. Wie sie noch hinzufügte, möchte sie bei der Bestattung darum bitten, auf Blumen und Kränze zu verzichten und statt dessen für den Bergrettungsdienst im Gebiet des Großvenedigers Geldspenden auf ein Mittersiller Konto einzuzahlen.

Edward Whymper, weiss auf schwarzem Grund

Gedanken zur Erstbesteigung des Matterhorns, gedacht anlässlich des 150jährigen Jubiläums

Und wieder haben die zuständigen Damen und Herren unseres Verkehrsamtes alle Hebel in Bewegung gesetzt, nicht Kosten und Mühen gescheut, um den Jahrestag jener Begebenheit, die unseren Ort weltberühmt, fast ebenso berühmt gemacht hat wie den Berg, an dem sie sich abspielte – was heisst abspielte, mit Spiel hat das nicht mehr viel zu tun –, ereignet hat, müsste man sagen, hat also alle Register des Public-Relation-Managements gezogen, um heute, am 14. Juli des Jahres 2015, auf den Tag genau 150 Jahre nach der Erstbesteigung des Matterhorns dieses historisch grosse, wenngleich menschlich sehr tragische Geschehnis, wenn schon nicht zu feiern, so doch sozusagen weltweit in Erinnerung zu rufen.

Seit Monaten schon hängen verteilt über die gesamte Schweiz und, wie ich mir habe sagen lassen, auch über die eidgenössischen Grenzen hinaus, Plakate, die Zermatt und das Horn wieder einmal in den Blickpunkt des Interesses rücken sollen. Plakate von grosser Ausdruckskraft, gestaltet mit allen blickfängerischen Mitteln der Kunst, ohne dabei die Symbolik, die in dieser schönen und schaurigen Geschichte nun einmal beinhaltet ist, zu vernachlässigen. In Fremdenverkehrsämtern, von Litfassäulen, aus Reisebüroschaufenstern, in der Ankunftshalle des Züricher Flughafens – überall begrüsst den Passanten jener Edward Whymper, der wohl am ehesten als Hauptdarsteller von 1865 zu umschreiben ist. Und selbst dem wenig Interessierten bleibt nichts, als den Gruss sozusagen zu erwidern, als zumindest Notiz zu nehmen von dem bergsteigenden Briten, der, ausgestattet mit langem Holzschaftpickel und gefülltem Umhängebeutel, die Füsse in genagelten Schuhen, den Kopf bedeckt von einem flachen Hut, mit leichtem Silberblick in eine Umgebung schaut, die ihn hektisch und fremd anmuten muss. Whymper in der Schweiz der Banken, der Börsenkurse, des Fremdenverkehrs. Weiss ist die Gestalt auf dem Plakat, und mit der Hilfe von nur wenigen dunklen Linien ist dem leicht stilisierten Whymper Struktur gegeben, Unverwechselbarkeit und sogar gewisses Leben eingehaucht. Über seinem Haupt prangt in hohen, breiten, kraftvollen Lettern nur ein Wort: HORN. Unter seinen Füssen, grösser und auffälliger noch, die Zahl 150. Wort und Zahl sind in Weiss gehalten, genauso wie die Gestalt, bei der das Weiss zumindest dominiert.

Der Hintergrund aber, der alles umgibt und Räume zwischen Wort und Bild zu füllen hat, der Hintergrund ist schwarz, tiefschwarz wie eine Nacht vor der Hörnlihütte, wenn Wolken den gestirnten Himmel verhängen, und diese Kombination aus schwarz und weiss sagt gleich alles über diesen 14. Juli aus, besagt, dass Freude und Leid, dass Sieg und Niederlage, dass Triumph und Schicksal so eng beieinander liegen wie nur irgendwas, zeigt also auf einer Fläche von etwa einem Meter auf siebzig Zentimeter, dass dieser Tag den Sieg über das abweisende Horn, das Horu, wie die Einheimischen es nennen, zugleich aber Verderben über die mutigen Gipfelstürmer gebracht hat. Doch soll dieses Plakat anlässlich der 150-Jahr-Feier der Matterhorn-Erstbesteigung sozusagen nur am Rande gestreift werden.

Das Augenmerk gilt in jedem Fall Zermatt und seinem berühmten Berg, dessen Form und Ausdruckskraft nicht mehr beschrieben werden müssen, seit unzählige Schweizer und auch ausländische Firmen es in ihren Werbekampagnen vermarktet haben: Banken, Zeitschriften, Fluggesellschaften, Grafikstudios, Automobilhersteller, Erzeuger von Beschlägen für Türen, Käsereien, Uhrmacher, Brauereien... endlos wäre die Liste.

In Zermatt nämlich ist seit etwa einer Woche einiges los, was heissen soll, mehr los als sonst. Unter die Tausende von Touristen, Urlaubern, Sommerfrischlern, Schaulustigen, Wanderern, Bergsteigern, Hochtouristen haben sich in den letzten Tagen mehr und mehr Pressevertreter gemischt, Männlein und Weiblein, behängt mit drei, vier, fünf Fotoapparaten, Kameraleute mit dem obligatorischen Belichtungsmesser um den Hals, Kabelträger, schwer schleppend, Regisseure, deren Halbglasbrillen an Kettchen vor der Brust baumeln, Reporter mit Tonaufnahmegeräten, Journalisten, die beständig Umfragen und Interviews machen, es wird fotografiert, gefilmt, notiert, auf Band gesprochen, und alles dreht sich einzig und allein um das Matterhorn und die Besteigung durch die Herren Whymper, Hudson, Douglas, Hadow mit den Führern Croz sowie Taugwalder Vater und Taugwalder Sohn. Am Ortsrand sind transportable Rundfunk- und Fernsehstationen eingerichtet worden, von wo aus seit mehreren Tagen über die Matterhorngeschichte berichtet wird, wo Studiogäste, wie beispielsweise der heutige Inhaber des Hotels Monte Rosa oder der Leiter des Zermatter Bergführervereins, befragt werden. Und es sind längst nicht nur heimische Sender, die ihr technisches Equipment installiert haben; bis aus Japan und den Vereinigten Staaten sind Techniker und Moderatoren angereist, um den Matterhorntag via Satellit in alle Welt hinauszuposaunen. Unnötig zu sagen, dass die Helikopter der Air Zermatt seit Wochen für den heutigen Tag ausgebucht sind, dass findige Presseleute Hubschrauber in Grindelwald und weiter weg gechartert haben. Aus der Luft, so vermutet man, werden sich die besten Bilder schiessen, die besten Aufnahmen live senden lassen. Denn nur mit dem Hubschrauber kann man zur fast gleichen Zeit an verschiedenen Orten sein, kann eben noch die Alpinisten beim Einsteigen in den Hörnligrat beobachten, um nur Minuten später über dem 4477 Meter hohen Gipfel zu kreisen, brummend über einer weiten Landschaft aus ewigem Eis, das von den Viertausendern des Wallis herabzufliessen scheint. Gestern schon sind zahlreiche Pressevertreter zur Hörnlihütte hinauf, um dort die Ankunft der sieben Alpinisten und ihres Trägers, eines weiteren Taugwalder-Sohnes, der am Beginn der Schwierigkeiten umzukehren haben wird, zu erwarten.

Die Sache ist nämlich die, dass auch zu diesem Jubiläum unser Verkehrsamt wieder etwas inszeniert hat, was sich sehen lassen kann. In der Bergbekleidung von 1865 und ausgerüstet mit alten Alpinutensilien sollen aus Anlass des 150. Jahrestages sieben Bergsteiger wie einst über den Hörnligrat zum Gipfel steigen. Die Rollen sind fest verteilt. Einer hat Whymper zu sein, der Kopf der Gruppe, der entschlossene Brite, der um des Berges willen letzte Wagnisse in Kauf nehmen würde. Ein anderer ist Croz, der legendäre, kühne wie sichere Führer aus Chamonix, der Garant für das Gelingen des Unternehmens.

Dann sind da die Taugwalders, Vater und Sohn, undankbare Parts; sie haben sich nie reinwaschen können von einer gewissen Verantwortlichkeit für die tragischen Ereignisse beim Abstieg vom Horn. Mit am verhängnisvollen Seil: Lord Francis Douglas und der brave Reverend Charles Hudson. Und schliesslich, als das schwarze Schaf, der junge alpinistisch unerfahrene Hadow, der den Sieg in eine Niederlage verwandelt, der stürzt und drei Begleiter mit sich in die Tiefe reisst. Man hat, und das ist die besondere Idee dabei, für jeden der »Darsteller« einen Bergsteiger der zutreffenden Nationalität ausgewählt, vier britische Kletterer der Extraklasse, einen französischen Bergführer, der Michel August Croz verkörpern soll, zwei Mitglieder des Zermatter Bergführervereins als Taugwalder Vater und Taugwalder Sohn. Die Wahl fiel nicht willkürlich. Neben der bergsteigerischen Qualifikation war auch typmässige Ähnlichkeit mit dem Vorbild gefordert. Zuletzt wurden die Sieben vom Matterhorn im Hotel Monte Rosa von Maskenbildnern in den Zustand grösstmöglicher Ähnlichkeit mit den Gipfelstürmern von einst versetzt – kein Wunder, dass da die Medien ihre Freude dran haben.

Gestern, am 13. Juli, fing das ganze Spektakel um sechs Uhr dreissig an. Schlag halb sieben nämlich traten die Akteure aus dem Portal des Monte-Rosa-Hotels, traten hinaus in die Menge, die trotz der frühen Morgenstunde zusammengefunden hatte, liessen Blitzlichtgewitter über sich ergehen, stellten sich noch einmal gemeinschaftlich in Pose und bahnten sich dann einen Weg durch die Schaulustigen. Sie machten sich auf den verhängnisvollen Weg, den ihre klassischen Vorbilder 150 Jahre vor ihnen gegangen waren. Hinaus aus dem Dorf, vorbei an zahlreichen Fremdenverkehrseinrichtungen, unter Seilbahnsträngen hindurch, hinauf zum Schwarzsee und weiter zum Grat. Überall standen Menschen entlang des Anstiegs, begrüssten, bejubelten die Alpinisten in ihren alten Klamotten, Kameraleute liefen, ihre »Mühlen« auf den Schultern, nebenher, um schon vom Anmarsch zum eigentlichen Berg bewegte Bilder einfangen zu können. Gegen neun erreichte die Gruppe die Kapelle am Schwarzsee, nahm hier, so wie einst Whymper und seine Crew, deponierte Ausrüstung auf und stieg dann weiter Richtung Hörnligrat. Vom Schwarzsee ab war der Weg für die Öffentlichkeit gesperrt, nur akkreditierte Journalisten, Bergführer, Bergrettungsleute und sonstige Hilfsmannschaften sind an diesen beiden Tagen berechtigt, zwischen See und Gipfel unterwegs zu sein. Man stelle sich vor, ein jeder könnte bei diesem Jubiläum aufs Matterhorn – es wäre eine Katastrophe. Bei so vielen Leuten am Berg wären Steinschlag und Unfälle nicht ausgeschlossen. Im heurigen Jahr aber soll im Gegensatz zu 1865 alles gut ausgehen, ohne einen einzigen Toten.

Noch vor Mittag war die Hörnlihütte, 3260 Meter hoch gelegen, erreicht. Aller Überlieferung spottend bahnte sich der Wirt mit einem Tablett einen Weg durch die dichtgedrängten Reporter, begrüsste die

Ankommenden und offerierte jedem ein Glas des süffigen Fendant, jenes Walliser Weines, der zum Raclette oder zur Fondue so unvergleichlich mundet. Vor 150 Jahren freilich war dort oben keine Hütte gestanden, und niemand war gekommen, um den echten Whymper und seine Begleiter willkommen zu heissen. Die waren vielmehr gleich ein Stück am Grat empor gestiegen, hatten sich über die geringen Schwierigkeiten gefreut und um die Mittagsstunde abseits des eigentlichen Gratverlaufs in der Ostflanke einen geeigneten Platz für ihr Zelt gesucht. Während Croz und der junge Taugwalder einen Teil des Weiterwegs erkundet hatten, war von Whymper und Hudson, der übrigens als guter Alpinist gehandelt wurde, Tee und Kaffee bereitet worden. Ihr Tagespensum hatten sie erfüllt und konnten nun wohlgemut warten, bis ein verheissungsvoller Sonnenuntergang zur Ruhe vor dem Gipfelsturm mahnte.

Es warteten auch die sieben Protagonisten der 150-Jahr-Feier. Erst am Nachmittag bauten sie ein Zelt aus den Pioniertagen des Alpinismus an der Stelle auf, wo Experten das Nachtlager Whympers vermuten. Hubschrauber kamen bis dicht an den Berg geflogen, und die Gäste, die unablässig die Auslöser ihrer Schnellschusskameras bedienten, drängten die Piloten, noch dichter an den Ort der Handlung heranzufliegen. Was freilich aus Gründen der Sicherheit nicht gut möglich war; ein kleiner Steinschlag in der Ostflanke, ein einzelner Brokken nur, der eines der Rotorblätter trifft, schon wäre die Katastrophe da, die Zermatt und der Schweiz so gar nicht ins Image passen würde. Nein, die geübten Piloten, erfahren in zahllosen Bergrettungseinsätzen, gingen auf Nummer Sicher, drehten rechtzeitig bei und zogen die Maschinen hoch, um nach kleiner Schleife das im leichten Wind flatternde Zelt neuerlich anzufliegen. Da, da ist Whymper. Er steht davor, lässt seinen Blick dem Grat bis zur Gipfelregion folgen; wägt Schwierigkeiten ab, scheidet leichtes von fraglichem Gelände, kriecht zurück ins Zelt und, so zumindest wird es damals gewesen sein, erstattet den Begleitern von seinen Eindrücken Bericht, beratschlagt sich mit Croz und Taugwalder Sohn, die ja den ersten Gratabschnitt schon in Augenschein genommen haben.

Erst als dunkle Nacht das Matterhorn umhüllte, wurde es auch ruhig an diesem Berg. Doch dieser Tag war nichts gegen den heutigen, den Tag der Besteigung des Gipfels, den Tag der Tragödie beim Weg zurück ins Tal. Gemäss Whympers überliefertem Bericht brechen die sieben Bergsteiger noch vor Tagesanbruch auf, beginnen beim ersten Licht mit der zunächst unschwierigen Kletterei.

Bereits um zwei Uhr früh haben Bergführer ihre Klienten, an diesem Tag die erwähnten Presseleute, vor der Hörnlihütte an die Seile genommen und sie ein mehr oder weniger weites Stück den Hörnligrat hinaufgeführt, wo sie auf die »Erstbesteigung« warten wollen. Um vier Uhr war fast der gesamte Gratverlauf von kleinen Lichtpunkten gesäumt, überall stiegen oder pausierten Menschen, Stirnlampen über die notwendigen Steinschlaghelme gespannt. Seit es tagt, warten Menschen auf dem aussichtsreichen Gipfel und tiefer bei der Solvayhütte, die zu diesem Feiertag von all dem Unrat, der sich von Woche zu Woche angesammelt hat, gesäubert worden ist, oder überall da, wo Fixseile und Eisenstifte anzeigen, dass 1865 hier die Hauptschwierigkeiten auf die kühnen Bergsteiger gewartet haben. Und dann kommen die jungen Alpinisten von heute in der Kleidung von damals. Überwinden ohne grosse Probleme die Gratabschnitte, die Rinnen und Bänder in der Ostflanke, die Querungen und Umgehungen senkrechter Hindernisse. Erst unterhalb der Solvayhütte steilt sich das Gelände auf. Michel Croz, der grosse Westalpenführer, geht nun voran, auf seine Spürnase im unwegsamen Gelände kann man sich verlassen, seine Kletterfähigkeiten werden auch die Probleme am Matterhorn bezwingen. Hinter Croz geht Whymper, der sich vom starken Führer von Zeit zu Zeit die Hand reichen lässt, um ein griff- oder trittarmes Felsstück leichter überwinden zu können, dahinter Hudson, der souverän steigt, keiner Hilfe bedarf. Zwischen Hudson und Hadow klettern Lord Douglas und Peter Taugwalder, der alte Taugwalder bildet den Schluss. Heute wie damals bedeckt eine dünne Firnschicht den oberen Teil des Horns, heute wie damals ist Vorsicht geboten.

Schöne Bilder knipsen die Fotografen in den Steilaufschwüngen. Denn die sieben Darsteller der Erstbesteigungsgeschichte lassen die zahlreichen, immer wieder erneuerten Fixseile, die seit Jahrzehnten den Anstieg erleichtern, ausser acht, steigen daneben empor wie ihre berühmten Vorbilder, bewegen sich mit Händen und Füssen in Fels und Firn, machen ihre Sache wie Whymper und Co. »by fair means«. Die beschlagenen Stiefel kratzen und scharren auf dem brüchigen Fels, im verschneiten Gelände rutschen die Schuhe, die Bergsteiger reichen sich die Hände, helfen sich über Schwierigkeiten hinweg, ziehen vorn, schieben hinten und wären da nicht die Fotografen und

Reporter gleich daneben und vor allem das Dröhnen der nahen Helikopter, man könnte sich zurückversetzt fühlen ins 19. Jahrhundert, als das Matterhorn einer der letzten unerstiegenen Alpenriesen war und sich ausdauernd und zäh gegen die Bemühungen verschiedener ambitionierter Eroberer zu wehren wusste.

Längst sind die Bergsteiger an der Solvayhütte vorüber, längst haben sie zehntausend Fotos binnen weniger Minuten von sich schiessen lassen, bald wird man oben sein, wo die schmale Gipfelschneide zwischen schweizerischem und italienischem Gipfel schwarz von Menschen ist und wo die Bergführer sowohl auf die Sicherheit der Kunden achten als auch bemüht sein müssen, den in Kürze eintreffenden »Erstbesteigern« eine Gasse zum geschmiedeten Gipfelkreuz zu bahnen. Das Kreuz hatte man ja zunächst entfernen wollen für diesen speziellen Tag, denn Whymper konnte am 14. Juli 1865 ja auch nicht zu einem Gipfelkreuz vorstossen. Dann aber hatte man sich darauf geeinigt, es heute zu lassen, wo es seit vielen Generationen fest im Fels verankert steht. Ein schlechtes Omen hatte man anderenfalls gefürchtet, von einer Herausforderung Gottes hatten sogar einige übertrieben Konservative gesprochen.

Noch sind es ein paar hundert Meter zum Gipfel. Unschwierige Meter. Der Gipfelsieg ist sicher. Das Matterhorn gehört Whymper und den seinen. Wer jetzt das Teleobjektiv, die Tüte mit der grossen Brennweite, auf die Gesichter der Alpinisten richtet, der sieht ihre strahlenden Augen, ihre jubelnden Münder, Siegesgewissheit und Triumph von einem Ohr bis zum anderen. Ja, die Protagonisten dieses Zermatter Fremdenverkehrsspektakels wissen um die Geschichte, kennen die Begebenheiten vom damaligen Gipfelsturm bis ins kleinste Detail, und sie spielen ihre Rolle gut, perfekt, möchte man fast sagen.

Kurz nach halb zwei Uhr nachmittags werden die Wartenden belohnt. Croz und Whymper, Hudson, Douglas und Hadow sowie die beiden Taugwalders treffen auf dem höchsten Punkt ein, dort, wo die vier markanten Grate des Matterhorns zusammenlaufen, wo Lion-, Zmutt-, Furggen- und eben Hörnligrat kulminieren. Sie reissen die Arme hoch, sie recken die Pickel in die Höhe, werfen die Hüte in die dünne Luft. Sie haben es geschafft: als erste auf dem Matterhorn, dieser kühnen und von Zermatt aus gesehen so unvergleichlich formschönen Berggestalt, als erste auf dem 4477 Meter hohen Gipfel. Alle sind voller Begeisterung, kosten den Sieg über diesen Berg nach Kräften aus, einer aber freut sich mehr noch als alle anderen: Edward Whymper, der, erst fünfundzwanzigjährig, bis auf den heutigen Tag schon acht Versuche an diesem gewaltigen Berg unternommen hat. Seine Verbissenheit, seine Entschlossenheit, sein fester Wille eines Tages oben zu stehen, sind an diesem 14. Juli kurz nach halb zwei Uhr belohnt worden. Für immer wird sein Name mit dem des Matterhorns verbunden sein. Unauslöschlich.

Whympers Triumph ist von doppeltem Gewicht. Am selben Tag ist auf der italienischen Seite eine Gruppe von Bergsteigern unter der Führung von Jean Antoine Carrel in den Liongrat eingestiegen. Es hatte einiger Überredungskunst bedurft, bis die zuständigen Damen und Herren in Breuil bei dieser Veranstaltung mitzogen und von ihrer Seite aus ein Alpinistenteam Richtung Matterhorngipfel schickten. Klar, für sie ist der 14. Juli kein grosser Tag. Carrel, ehemals Whympers bester Führer und Gefährte, von jeher von der Ersteigbarkeit des Horns überzeugt, erleidet seine grosse Niederlage. Whymper und die anderen stehen oben am Gipfel, während er mit seinen Begleitern noch Hunderte von Metern unterhalb resigniert und gedemütigt die Umkehr beschliesst. Whympers Gruppe ruft und brüllt hinunter, will ihren Sieg den Unterlegenen bemerkbar machen und lässt schliesslich sogar Schnee und Steine ab, damit Carrel auch wirklich weiss, dass da oben Menschen sind, dass der Gipfel bezwungen ist.

Alles wird auf Zelluloid gebannt: die Freudenfeier auf dem höchsten Punkt, die Begeisterung, der Jubel. Wie Croz eine Zeltstange in den Schnee auf dem Schweizer Gipfel rammt, ein Überhemd als Fahne daran befestigt, wie eine Pyramide aus Steinbrocken errichtet wird, all das füllt bald kilometerweit Filmmaterial. Erst als dies alles verrichtet ist, ruhen sich die Protagonisten dieses einzigartigen Schauspiels am Berg aus. Umgeben von zahlreichen Reportern, Führern, Helfern, alle in Bekleidung und Gerät modernst ausgerüstet, hocken sie am Matterhorngipfel. Vier Engländer, zwei Schweizer, ein Franzose in alten Gewändern verköstigen sich mit einem Proviant, wie er anno dazumal gebräuchlich war. Doch, und das ist offensichtlich, sie haben Spass daran, ihre Rollen zu spielen und an diesem herrlichen Bergtag im Mittelpunkt öffentlichen Interesses zu stehen.

Nach einer guten Stunde wird zum Abstieg aufgebrochen. Es beginnt die Anseilerei, der Anfang vom Ende. Während Whymper noch die Namen aller Gipfelsieger auf einen Zettel schreibt, diesen in eine leere Flasche steckt und die wiederum in der neuen Gipfelpyramide verklemmt, seilen sich die anderen schon zusammen. Am ersten Seil Croz, Hadow, Hudson und Douglas. Am zweiten Taugwalder Vater, Edward Whymper und Taugwalder Sohn. Zur Verbindung zwischen den beiden Gruppen dient ein dünneres und wie heute alle Welt weiss, viel zu schwaches Seilstück, das, jeder weiss oder ahnt was kommt, bei Belastung gar nicht anders kann als reissen. So geht man los. Bedächtig, konzentriert, denn es ist keine neue alpinistische Erkenntnis, dass schwieriges Gelände im Abstieg heikler noch ist als beim Weg nach oben. Zunächst geht alles gut. Die Schwierigkeiten kommen ja auch erst noch. Doch was, was sollte schiefgehen können mit einem Michel Croz an der Spitze, mit zwei weiteren Führern aus dem Mattertal, mit den ausgezeichneten Bergsteigern Whymper, Hudson und Douglas?

Das Schicksal kommt daher in seiner ganzen hinterfotzigen Zufälligkeit. Zufälle nämlich waren es, die dieses Bündnis von Bergsteigern zusammengeführt haben, Zufälle brachten den grossen Chamoniarden Croz zu diesem ersten Aufstieg aufs Horn, Zufälle jedoch waren auch für das Dabeisein jenes Robert Hadow verantwortlich, der allenfalls als wenig geübter Bergwanderer hätte bezeichnet werden können. Er ist das schwache Glied in der Kette; schwächer ist nur noch der lapprige Verbindungsstrick zwischen Douglas und dem alten Taugwalder. Hadow ist der Fluch dieses Tages, er bringt alles zum Scheitern, macht den Triumph zunichte und bringt Verderben über diese alpine Expedition.

Hadow bekommt es an einer Steilstufe mit der Angst zu tun. Die enorme Ausgesetztheit lässt ihn schaudern. Tausend Meter bricht die Nordwand zum Gletscher hin ab. Die wenigen Tritte scheinen verschwindend klein. Die berühmt-berüchtigte »Nähmaschine«, das unter Kletterern gefürchtete Kniezittern, setzt ein. Croz, der Führer, muss Hadow behilflich sein. Er nimmt dessen Füsse in die Hand, setzt sie auf die richtigen Tritte, langsam, unendlich langsam steigt Hadow herab. Noch ein Tritt, wieder einer, jetzt scheint es zu gehen, gleich wird das Gelände strukturierter, leichter. Croz weiss Hadow sicher, wendet sich ab, um den Weg nach unten fortzusetzen. Da geschieht es. Hadow stürzt, fällt Croz ins Kreuz, auch der verliert den Halt, das Seil zwischen Hadow und Hudson strafft sich, reisst letzteren aus dem labilen Stand, und auch Lord Douglas hat nichts entgegenzusetzen. Der alte Taugwalder aber schlingt das Seil zwischen Douglas und sich selbst um einen Felsblock, versucht zu helfen und rettet doch nur sich, Whymper und den eigenen Sohn. Das besagte Hilfsseil nämlich, das allzu dünne, das zwischen Hadow und Taugwalder Vater, es reisst, muss reissen. Dieses Seil, das für Croz, Hadow, Hudson und Douglas die Rettung hätte sein sollen, entlässt diese vier in den Tod.

Lautlos scheinen vier Körper durch die nicht übermässig steile Nordwand zu stürzen. Ihre Hüte wirbeln durch die Luft, die Pickel springen von Felsabsatz zu Felsabsatz. Die Männer haben die Arme ausgebreitet, Halt suchen sie, doch es wird keinen geben. Sich überschlagend, Schutt, Geröll und Schnee mit sich nehmend, stürzen sie zu Tal. Längst sind die verbindenden Seile durchtrennt, jeder stirbt für sich allein, schlägt auf, wird weit durch die Luft gewirbelt, schlägt wieder auf, Gliedmassen werden unnatürlich verdreht, Bergstiefel von den Füssen gerissen. Immer kleiner werden die vier, die, längst tot, gleich den Wandfuss erreichen werden. Drei bleiben an der Oberfläche des Gletschers liegen, einer verschwindet in der tiefen Kluft zwischen Fels und Eis. Und nach und nach treffen auch so manche Ausrüstungsgegenstände der Abgestürzten auf dem Gletscher ein, ihren einstigen Herren treu und ergeben bis in den Tod.

Die Hubschrauber dröhnen talwärts. Einige kreisen über dem Gletscher, die Abgestürzten werden gefilmt und fotografiert. Dann drehen sie bei, nehmen Kurs auf Zermatt oder ihre anderen Bestimmungsorte. Das Spektakel ist vorbei. 150 Jahre Matterhorn-Erstbesteigung sind im Kasten, heute noch wird so manches gesendet werden, in den Nachrichten, in Sondersendungen, in »Sport aktuell«, morgen werden die Fotos die Zeitungen füllen und schon in ein paar Tagen als farbige Bildberichte die wöchentlich erscheinenden Journale. Für die Presseleute ist das Thema Matterhorn abgehakt. Sie können mit der Inszenierung zufrieden sein. Denn naturgemäss war alles inszeniert. Selbstredend sind nicht die Darsteller der Geschehnisse von einst in den Tod gestürzt. Natürlich war alles nur gespielt. An der entscheidenden Stelle haben die Bergsteiger, wie schon erwähnt, allesamt hervorragende Kletterer oder Bergführer, nachvollzogen, wie Hadow in Panik geriet, wie Croz ihm half, sich dann abwendete, weiterstieg. Vor dem eigentlichen Sturz aber waren die sieben, wie vorab geübt und mit den Veranstaltern vereinbart, um eine Felskante verschwunden, und dort wartende Helfer hatten vier lebensgrosse und bekleidete Kunstfasterpuppen in die Nordwand geschubst, wo sie dann stürzten und stürzten und stürzten. Und alles hatte echt, fast wäre man geneigt zu sagen herrlich echt ausgesehen.

Jetzt ist der Auftrag erfüllt, der offizielle Teil der Veranstaltung am Matterhorn beendet, heiter und gelassen steigen alle ab: die Darsteller, die Bergführer mit ihren müden Fotografen und Reportern, die Bergrettungsmänner, die Helfer. Zurück zur Hörnlihütte, wo der Schweizer Alpenclub und zahlreiche geladene Gäste die Akteure und die Presseleute erwarten, wo Speisen und Trank reichlich vorbereitet sind, wo der 14. Juli beschwingt und wohlgemut ausklingen soll. Schliesslich war dieser Tag vor 150 Jahren trotz oder gerade auch wegen der Katastrophe der wichtigste Tag in der Geschichte Zermatts. Von da an kamen die Fremden zuhauf, das Dorf wurde berühmt und wohlhabend und hat von beidem, von Ruhm und Reichtum, bis heute nichts eingebüsst.

Ich steige weiter ab. Von der Hörnlihütte zum Schwarzsee. Für heute habe ich genug vom Rummel. Drüben am Gletscher unter der Nordwand landet ein Hubschrauber, Männer springen heraus, klauben die Reste der Kunststoffpuppen und das verstreut herumliegende Material zusammen.

Es war ein grosses Ereignis. Ein Tag, an dem die Welt zum Matterhorn und nach Zermatt schaut. Gut gemacht. Nicht Kosten, nicht Mühen gescheut. Wir können froh sein um die innovativen Leute unseres Fremdenverkehrsmanagements. Zermatt, das Horn und Whymper, das ist eins. Undenkbar eins ohne die anderen. Und dennoch: Ein schaler Nachgeschmack bleibt. Wer nimmt Notiz vom eigentlichen Helden des Matterhorns? Wer denkt an diesem Abend an Jean Antoine Carrel? An den Führer, der nach zahlreichen Versuchen mit und ohne Whymper heute von eben diesem »geschlagen« worden ist? Ist nicht gerade er der eigentliche Sieger? Am 17. Juli 1865, drei Tage nach Whymper, ist er mit einem Begleiter über den italienischen Grat, den Liongrat, zum Gipfel gestiegen. Und, was noch wichtiger ist, beide sind wohlbehalten ins Tal zurückgekehrt. Ihm gebühren die Ehrungen. Carrel.

Würde ich das laut sagen, meine Landsleute würden mir Mangel an Patriotismus vorwerfen. Die sind da eigen. Aber vielleicht haben sie auch recht.

Drei Begegnungen mit Grohmann

Ein wundersamer Bericht über den großen Dolomiten-erschließer, seine Erstbesteigung des Langkofels und seine Heimatstadt Wien

Mein erstes Zusammentreffen mit Grohmann liegt fast drei Jahre zurück. Um es vorweg zu sagen: Es handelte sich um eine mehr als ungewöhnliche Begegnung, die meinem Leben einen neuen Impuls hinzufügte und mich auf seltsame Art und Weise einnahm für diesen Mann. Wohl mag einem Leser dieser Ausführungen manches unglaubwürdig, zumindest unerklärlich erscheinen, doch habe ich mein Gewissen geprüft, meine Erinnerungen mit größter Sachlichkeit abgetastet und sehe mich deshalb in der Lage, einleitend mit Fug und Recht zu behaupten: Alles ist wahr, alles ist mir so widerfahren, wie ich es hier zu Papier gebracht, nichts ist mutwillig, gar in zweifelhafter Absicht weggelassen oder hinzugefügt. Ganz getrost kann man deshalb meinem Bericht Glauben schenken und sollte dies auch tun; die Wirklichkeit ist vielschichtiger, als weithin angenommen wird, und niemand profitiert davon, sich derartigen Erkenntnissen zu entziehen.

In einer kühlen Herbstnacht habe ich Grohmann zum erstenmal getroffen, was allein schon deshalb ungewöhnlich ist, weil ich im Grunde alles andere als ein Nachtmensch bin, nicht zu später Stunde aus verrauchten Lokalen komme, überhaupt höchst selten abends ausgehe, sei es ins Theater, sei es in die Spätvorstellungen des Bellaria-Kinos, und wenn es denn einmal geschieht, so meide ich doch die öffentlichen Anlagen, wo fahles Laternenlicht die sonderbarsten Gestalten nur unzureichend erhellt, und begebe mich bestimmt nicht mir nichts dir nichts nach dem Prater, wo zwischen den verriegelten Buden und Schuppen dieses Vergnügungsparkes, wo zwischen Mitternacht und Dämmerung kein Mensch etwas verloren haben sollte. In dieser Nacht aber war manches anders. Ich hatte einen langen und anstrengenden Arbeitstag hinter mir, war mit verspanntem Rücken am Schreibtisch gesessen, hatte mich in ein Thema hineinvergraben, bis meine Notizen unleserlich geworden waren und meine Augen vom Lesen zu schmerzen begannen. Mehr als nach Essen und Trinken, was stets zu kurz kommt, wenn ich intensiv am Schaffen bin, verlangte es mich nach ein wenig Bewegung sowie ein paar Atemzügen frischer Luft, soweit in einer Stadt wie der unseren davon die Rede sein kann.

Das Haus, in dem ich seit längerem lebte, steht im dritten Wiener Bezirk, gar nicht weit vom Prater also, doch könnte ich schwören, ihn und sein Riesenrad beim Verlassen meiner Altbauwohnung nicht im geringsten im Sinn gehabt zu haben. Noch vor dem Hauseingang, als die schwere Tür ins Schloß gefallen, die Treppenhausbeleuchtung ausgegangen war, wußte ich nicht, wohin es mich verschlagen sollte. Nur gehen wollte ich, ziellos, nach der langen Sitzerei Schritte tun. Und davon, vom Klang meiner Schritte auf dem Pflaster der Gehsteige, ließ ich mich einlullen, und weil das Ausschreiten mich erquickte, mir wohltat von den Sohlen bis zum Scheitel, ließ ich mich treiben und vergaß die späte Stunde und ging und ging, ohne eigentlich meine Umgebung wahrzunehmen. Wäre nicht etwas Sonderbares geschehen, etwas, das mich aus meinem gedankenversunkenen Gehen zurückgeholt hätte in die Realitäten des Hier und Jetzt, gewiß wäre ich nach etwa zweistündigem Spaziergang ermüdet, aber zufrieden wieder daheim angelangt, freilich ohne zu wissen, welche Wege ich im einschlafenden Wien gegangen war.

Erinnere ich mich recht, so waren es nicht Menschen und Bewegungen, die mich aus meiner Träumerei erweckten, die mir die Sinne gleichsam zurückgaben und mich zum abrupten Stehenbleiben veranlaßten. Es waren Geräusche. Es ächzte müde und knarzte geplagt, und zunächst war mir die Herkunft dieser Töne, die nicht einmal als sonderlich unangenehm bezeichnet werden können, zu dieser einsamen Stunde aber immerhin etwas Unheimliches an sich hatten, ein Rätsel. Mir war jetzt bewußt, wo ich mich befand, im Prater, unserem Vergnügungspark, der ebenso schlief wie die Stadt, wie die Lokomotiven seiner Liliputbahn, wie die zusammengekauerten Pennbrüder an den Windschattenseiten der Stände, der Holzverschläge, der Musikpavillons und der Karusselle mit ihren träumenden Pferden aus bemaltem Holz. Irgendwo erging sich ein Betrunkener in einem schmachtenden Monolog über die Liebe, ein streunender Köter markierte wohldosiert pissend sein Revier, der Wind trieb die Abfälle von den seichten Freuden des Tages vor sich her und holte das Herbstlaub von den Bäumen, ansonsten war alles einsam und still. Nur, daß es eben ächzte und knarzte, durchdringend und ohne Unterlaß.

Ich mußte der Sache auf den Grund gehen. Herausfinden, was es mit den Geräuschen auf sich hatte, woher sie kamen, wer oder was sie verursachte. Ich ging weiter in jener Richtung, in der ich die Quelle meiner Verwunderung vermutete. Immer lauter, immer himmelfüllender wurden die Klänge, verwirrend im Wechsel zwischen dumpf und schrill. Es bedurfte keines langen Suchens. Nach wenigen hundert Metern löste sich das Rätsel wie von selbst. Plötzlich war alles klar. Zumindest fast alles.

Unter dem nachtschwarzen, sternarmen Himmel drehte sich unbeleuchtet und, wie es schien, in völliger Verlassenheit, das Riesenrad, einundsechzig Meter im Durchmesser. Es war die Stahlkonstruktion, die da ächzte unter der Last ihrer eigenen Drehung und die knarzte unter ihrem wahrhaft gigantischen Gewicht.

Gewiß wird man meine Verwunderung verstehen können, auch, daß ich erst einmal stand wie angewurzelt und ein, zwei Minuten lang gebannt auf das Riesenrad schaute. Dann erst ging ich näher, trat heran an die Absperrungen beim Kassahäuschen, blickte umher, schaute nach oben, sah nach rechts, sah nach links, fragte mich, ob sich wohl jemand einen Scherz erlaube, übermütige Jugendliche vielleicht, doch nirgends waren Ursachen oder Verursacher dieser nächtlichen Riesenradrotation auszumachen. Es mußte also etwas unternommen werden, und es lag an mir, einzig und allein an mir, es zu tun.

Etwa dreißig Minuten, nachdem ich aus der nächstgelegenen Telefonzelle die Gendarmerie benachrichtigt hatte, kam ein Wagen mit zwei uniformierten Beamten vorgefahren. Auf den Rücksitzen saßen, wie mir zu erkennen nicht sogleich möglich gewesen war, der lizenzierte Riesenradinhaber und seine Gemahlin, Herr und Frau Lakatos, von der Gendarmerie auf meinen Anruf hin benachrichtigt und gleich auch abgeholt, um vor Ort die Umstände aufzuklären und natürlich das selbsttätig sich drehende Riesenrad zu bremsen und abzustellen. Herr und Frau Lakatos, beide beleibt, sie in Hauspantoffeln mit flaumfedrigen Kügelchen am Rist, er im Jackett, das er über ein gestreiftes Schlafanzugoberteil gezogen hatte, mühten sich aus dem Wagen und zeigten sich über ihr Riesenrad nicht weniger verwundert, als ich es gewesen war vor etwas mehr als einer halben Stunde.

Einer der Polizeibeamten trat an mich heran.

»Haben Sie die Gendarmerie verständigt?«

Ich bejahte und wollte sogleich ausführen, wie es zu dieser seltsamen Entdeckung gekommen war, doch unterbrach mich der Polizist und verlangte nach meinen Papieren, gerade so, als wenn ich mir etwas zuschulden hätte kommen lassen. Und dann, man stelle sich vor, während das Ehepaar Lakatos sich in gegenseitigen Schuldzuweisungen erging, fragte der Beamte über Funk bei der Zentrale nach, was es mit meiner Person auf sich habe, ob etwas aktenkundig wäre, etwas vorläge gegen mich.

»Ich habe es dir gesagt. Oft habe ich's gesagt«, zeterte Frau Lakatos, und die Kügelchen auf den Pantoffeln bebten bei jedem ihrer plattfüßigen Schritte. »Hundertmal hab ich es dir gesagt, ach was, tausendmal, hunderttausendmal. Nie hast du den Sicherheitsschalter abgestellt. Nie. Wer ist bis abends an der Kassa gesessen? Wer, frag' ich dich. Und wer hockt schon am Nachmittag in der Buschenschenke. Davon kommt's. Das kommt davon.«

»Weil's ein Dreck ist«, sagte Lakatos mehr zu sich selbst als zu seiner Gemahlin, »weil's ein Dreck ist. Ein alter Dreck. Ein neues gehört her, lang schon red' ich. Weil das kein Riesenrad nicht ist, sondern nur ein alter Dreck.«

Während Herr und Frau Lakatos sich zu ihrem Riesenrad begaben, schimpfend beide, sie auf ihn, er auf den Dreck von einem Rad, notierte sich der Beamte meine Adresse, sein Kollege hielt die Ereignisse stichwortartig in einem kleinen Büchlein fest, viel gab es freilich nicht zu notieren, da schon nach wenigen Augenblicken das Riesenrad seine Fahrt verlangsamte, um wenig später ganz zum Stillstand zu kommen.

»Sabotage?« fragte einer der Beamten Herrn Lakatos, der sich mit ölverschmierter Hand durchs spärliche Haar wischte.

»Nix zu sehen. Glaub's auch eher nicht. Ist halt bloß noch ein alter Dreck. Daran liegt's. Und sie«, er deutete auf seine herannahende Frau, »sie hat's wieder vergessen. Den Hauptschalter. Dann könnt' nix passieren. So aber...«.

Die Beamten waren sichtlich froh, daß sich alles so hindernislos in Wohlgefallen auflöste, Herr und Frau Lakatos sanken auf die Rücksitze des Gendarmeriewagens, die Polizisten stiegen ein, schlugen die Türen zu und fuhren los, auf Gruß, auf Dank, auf mich vergessend.

Natürlich ärgerte mich das unhöfliche Verhalten der Polizisten, doch wurde ein stiller Groll ausgeglichen durch das Vergnügen am

Riesenradinhaberehepaar, an Herrn und Frau Lakatos, die noch zu Hause streiten würden über ihre Schuld und Unschuld, und wahrscheinlich würde er auch in dieser Nacht von seinem Rad träumen und irgendwann im Schlafe schreien, es sei alles ein alter Dreck, ein Dreck sei alles.

Einen letzten Blick warf ich auf das Riesenrad, weil ich dann den Heimweg antreten wollte, einmal noch mochte ich sehen, daß es wirklich stand, ruhig und mit fast unmerklich schaukelnden Waggons, einen Moment lang noch amüsierte ich mich über das Erlebnis dieser Nacht, schon war ich im Begriff mich abzuwenden, da sah ich trotz des spärlichen Lichts, daß sich an einem der unteren Waggons etwas bewegte, ja es öffnete sich eine Tür, und jemand kletterte heraus. Es mochten vier, fünf Meter bis zum Boden sein, keine ungefährliche Höhe, doch bewältigte sie diese Person geradezu spielerisch, indem sie, die Beine in der Luft und nur an den Fingern hängend, am kreisrunden Stahlgerüst zum tiefsten Punkt hangelte.

»Bleiben Sie noch. Bleiben Sie«, rief die Person mit zweifelsfrei männlicher Stimme. »Ich kann Ihnen alles erklären.«

Dann kam der Mann heran mit großen, kräftigen Schritten. Ich kam gar nicht zum Nachdenken, so schnell stand er bei mir. Der Mann mochte Ende sechzig sein, grau war sein Haupthaar, grau war sein die Oberlippe verhängender Seehundsbart, er hatte eine hohe Stirn und eine große Nase und war, was mir überaus sonderbar erschien, insgesamt ganz und gar nicht nach dem Geschmack unserer Zeit gekleidet. Alles an ihm wirkte wie aus dem letzten Jahrhundert, der Anzug, die Weste, die Krawatte, das Hemd. Es bot dieser Mann eine ganz ungewöhnliche Erscheinung.

»Gestatten Sie: Grohmann. Paul Grohmann«, stellte er sich vor und reichte mir seine Karte, die ich allerdings erst daheim genauerer Betrachtung unterzog.

»Ich sehe, Sie sind überaus erstaunt. Dabei, Sie werden es sehen, läßt sich alles ganz ohne weiteres erklären. Vorausgesetzt, Sie wollen meine Erklärung hören. Zu so später Stunde. Bestimmt waren Sie eben im Begriff, den Heimweg anzutreten. Nur zu. Wenn es Ihnen nichts ausmacht, schließe ich mich für ein paar Minuten an.«

Nun war es an mir, mich meinerseits vorzustellen, und wenngleich mir diese Begegnung mit jenem Herrn Grohmann mehr als merkwürdig vorkommen mußte, so trieb mich doch eine gewisse, angeborene

Neugier, mich auf ein gemeinsames Stück Weg einzulassen, um mehr über diesen Sonderling zu erfahren.

Gemächlich schlenderten wir in Richtung meines Wohnviertels. Der Mann, wie bereits festgestellt nicht mehr der Allerjüngste, erzählte mir, daß er Bergsteiger sei, Bergsteiger mit besonderer Vorliebe für die Felslandschaften der Dolomiten. Und seine Unbescheidenheit in Nebensätze versteckend fügte er hinzu, daß ihm so manche Erstbesteigung dort gelungen sei.

Was blieb mir anderes, als seine Ausführungen zweifelnd zur Kenntnis zu nehmen. Meine Bergsteigerei beschränkt sich in der wenigen freien Zeit auf vorgebirgige Wanderungen, in große Höhen oder gar wilde Dolomiten vorzudringen konnte ich mir nie gestatten.

Wien sei seine Heimatstadt, sagte dieser Paul Grohmann. Hier sei er geboren, hier sei er... hier sei er immer gern, wenngleich nun seit langem nicht mehr gewesen.

»Der Reiz lag mein Lebtag in der Dualität: Hier die Stadt mit ihrem vielfarbigen Treiben, das pulsierende Leben, die ungezählten und unzählbaren Ablenkungen. Dort die Einsamkeit und Kargheit der Berge. Glauben Sie, mein Freund, die Gegensätze könnten größer nicht sein.«

Schon nannte er mich Freund, tat es in altväterlichem Tonfall und seiner Sache gewiß.

»Ach, wenn Sie wüßten, wie lange ich nicht mehr hier gewesen bin.«

Eine kleine Weile gingen wir schweigend nebeneinander her, aus den Augenwinkeln betrachtete ich, soweit das die Dunkelheit zuließ, das nicht übermäßig interessante Profil dieses Mannes.

»Sie wollten mir sagen, was Sie mitten in der Nacht im Riesenrad zu schaffen hatten«, beendete ich die Stille.

»Oh ja«, sagte Grohmann. »Oh ja.«

Er blieb stehen, wandte sich mir zu, und weil dies an einer Stelle geschah, die vom Laternenlicht gestreift wurde, konnte ich in Grohmanns Augen ein ewiges Alter entdecken. Es schienen die Augen eines vielhundertjährigen Mannes zu sein und mich schauderte bei dem Gedanken, daß dieser Mensch vis-à-vis auf seltsame Weise lebendig und tot gleichermaßen war. Einen Augenblick lang dachte ich daran wegzulaufen, getrieben von irrationalen Ängsten, einfach davon, doch sagte ich mir dann, daß ich eigentlich wohl nichts zu befürchten hätte von diesem alten und freundlichen Mann, und mit seiner angenehmen Stimme gewann er mein bißchen Vertrauen zurück.

»Seit dem frühen Abend spazierte ich durch Wien«, sagte er. »Die Stadt meines Vaters, meiner Mutter. Die Stadt meiner Kindheit. Ich war so lange fort. So lange fort. Ich kam hierher zum Prater, als die Geschäftigkeit erlosch. Dann sah ich das Riesenrad. Ist es nicht grandios? Ganz still stand es da. Einsam und verlassen. Wer konnte etwas dagegen haben, daß ich einen der Waggons bestieg?«

»Sie erregten immerhin Aufsehen«, warf ich ein, »und ich sah mich genötigt, die Gendarmerie zu verständigen. Haben Sie das Riesenrad in Gang gesetzt?«

»Keineswegs, keineswegs«, sagte Grohmann. »Ich habe nichts getan als mich in einen der Waggons zu setzen, die erfreulicherweise nicht verschlossen waren, das habe ich getan und nichts sonst, als so sitzend die Luft weit zurückliegender Tage zu atmen.«

»Aber...«

»Kein aber, mein Freund. Ich saß da und schaute in die Nacht. Da verspürte ich einen leichten Ruck und bemerkte, daß sich das Riesenrad zu drehen begann. Es war wunderschön. Ganz allein. Nur für mich drehte sich das Rad. Es hob mich hinauf über die Dächer von Wien und senkte mich wieder hinab in die Düsternis, hob mich wieder hinauf, senkte hinab, immer im Kreis, immer im Kreis. Wunderschön ist diese Stadt bei Nacht. So voller Lichter. Ich genoß das Fahren mit dem Riesenrad sehr, das gebe ich zu. Nur angeschaltet, angeschaltet habe ich es nicht. Ich wüßte nicht wie.«

Natürlich konnte ich letzteres nicht glauben. Aber war es nicht jetzt auch schon egal? Sollte der Alte doch sein Vergnügen gehabt haben, ich hatte das meine auch. Grohmann zog an einer silbernen Kette eine Uhr mit Klappdeckel aus der Tasche, warf einen Blick auf das Ziffernblatt, klappte den Sprungdeckel wieder zu und sagte, daß es nun höchste Zeit für ihn sei, nächstentags wolle er nach seinen Dolomiten, frühmorgens schon ginge der Zug, und daß ich Nachsicht mit ihm haben möge, vielleicht träfe man sich ja gelegentlich wieder und könnte dann ausgiebiger plaudern über dies und das. Er nickte mir leicht zu, seine toten, ja toten Augen schienen ein wenig zu lächeln, wortlos drückte er mit seinen Händen meine Rechte und ging dann in ausgreifenden Schritten davon. Jetzt erst fiel mir auf, daß er lederne

Bergstiefel an den Füßen hatte, Stiefel mit nägelbeschlagenen Sohlen, die nun auf das Pflaster hämmerten, immer leiser werdend, doch in der Ferne noch hörbar, als Grohmann längst in der Dunkelheit verschwunden war.

Nachdenklich ging ich nach Hause und fand lange keinen Schlaf in dieser Nacht.

In den folgenden Tagen und Wochen beschäftigte ich mich viel mit diesem nächtlichen Erlebnis im Prater. Wer war dieser Paul Grohmann? Im Telefonbuch Wiens stand er nicht. Ich fragte nach beim Alpenverein. Sagte, daß ich einen Bergsteiger kennengelernt hätte, nicht mehr ganz jung, Paul Grohmann mit Namen, kürzlich in Wien sei das gewesen. Und wunderte mich, daß sich daraufhin die Damen und Herren in der Alpenvereinsverwaltungsstelle sonderbare Blicke zuwarfen, ja sich insgeheim lustig zu machen schienen über mich.

»Soso«, sagte ein Mann mit Bart, »den Grohmann haben Sie getroffen. Den Paul Grohmann, aha. Den Bergsteiger Grohmann, den Erstbesteiger vom Langkofel und der Großen Zinne. Den haben Sie also getroffen, wann? Ach ja, neulich in Wien.«

Es mußte viel Komik in seinen Worten liegen, denn eines stillen Applauses gewiß drehte er sich zu den Kollegen, die sich auf ihren Bürostühlen zurückgelehnt und die Arme vor der Brust verschränkt hatten. Alle zeigten nun grinsend ihre mehr oder weniger ordentlichen Zahnreihen.

»Wissen Sie was«, sagte dann der Bärtige zu mir. »Paul Grohmann, der Dolomitenerschließer Paul Grohmann ist 1908 gestorben. Hier in Wien. Im Alter von siebzig Jahren. Also erzählen Sie uns hier keine Geschichtln.«

Ich zog jene kleine Karte aus der Tasche, die mir Grohmann bei unserer Begegnung im Prater gegeben hatte und legte sie dem Mann vom Alpenverein auf den Tisch. Auf der Karte stand dies:

Paul Grohmann

Privatier und Bergsteiger
Dolomitenerschließer
Alpiner Schriftsteller
Kartograph der Dolomiten

Der Mann sah auf das Kärtchen, verzog mißmutig den Mund, bescheinigte mir komödiantisches Talent, forderte mich sodann auf, ihn nicht weiter von der Arbeit abzuhalten und wies mir unmißverständlich die Tür.

Immerhin, ein Anfang war gemacht. Nun wälzte ich in den Bibliotheken alpine Fachliteratur, stieß auf Details der Erschließungsgeschichte der Dolomiten, fand gar in einem Antiquariat Grohmanns Buch »Wanderungen in den Dolomiten«, und, in einem Zeitschriftenbeitrag, den einwandfreien Beweis dafür, daß der Mann vom Riesenrad wirklich Paul Grohmann gewesen war, 1838 in Wien geboren, 1908 gestorben ebenda. Eine Fotografie aus der Zeit vor der Jahrhundertwende zeigte den Mann mit der hohen Stirn über kräftiger Nase, zeigte den typischen Seehundsbart, und machte zugleich deutlich, daß Unsterblichkeit etwas durchaus Greifbares sein kann, daß bisweilen nicht nur die Taten weiterleben, sondern auch die Menschen selbst.

Es vergingen fast zwei Jahre, in denen ich diese seltsame Begegnung im Prater zwar nicht vergessen konnte, immerhin aber sehr an den Rand meines Interesses hatte drängen müssen; meine eigentliche Arbeit nahm mich reichlich in Anspruch und ließ mir wenig Zeit, diesem Grohmann und seinem Geheimnis nachzuspüren. Auch gab es niemanden, mit dem ich darüber hätte sprechen können, denn ich fürchtete die Unglaubwürdigkeit und konnte und wollte es mir nicht erlauben, als Spinner verschrien zu werden.

Und dennoch: die Begegnung mit diesem unsterblichen Alpinisten ließ mich nie mehr ganz los. Ich las alles über die Geschichte des Bergsteigens, dessen ich habhaft werden konnte, insbesondere was die Dolomiten im allgemeinen und Grohmann im besonderen betraf, und ich hoffte inständig, ihm wieder einmal zu begegnen, um all die Fragen zu stellen, die unbeantwortet in mir verschlossen waren.

Doch es dauerte lange, und nur ein Zufall führte unsere Wege wieder zueinander, ließ sie sich kreuzen inmitten von Wien. Und dies ergab sich so: Ich hatte wegen Recherchen für meine Arbeit die Spanische Reitschule besucht, war aber noch vor Eintreffen der Touristenströme zum vormittäglichen Lipizzanertraining, der »Morgenarbeit«, aus dem Pferdeäpfeldunst hinausgetreten auf den Josefsplatz. Noch warteten die Fiaker auf Kundschaft. Die Gäule hatten Decken über ihren Leibern, die Kutscher saßen griesgrämig auf den Kutschböcken, rauchten und hofften, daß der Tag wärmer werden würde als der Vormittag. Ich überlegte mir, ob ich irgendwo in der Nähe einen Kaffee nehmen sollte, da kam Grohmann um die Ecke. Er war gekleidet wie damals, schien auch sonst kaum verändert, nur daß er mich nicht erkannte und an mir vorüber wäre ohne mich zu bemerken.

»Herr Grohmann«, sagte ich laut, als er schon fast an mir vorbei war. Er blieb stehen, drehte sich um, schaute mir aus seinen so leblosen Augen ins Gesicht, zog die erstaunlich glatte Stirn in Falten und überlegte einen Augenblick.

»Ich kenne Sie«, sagte er. »Kenne Sie irgendwoher. Steigen Sie Berg?«

Ich verneinte und klärte ihn auf, woher wir uns kannten, und Grohmann schien sich ehrlich zu freuen über das Wiedersehen. »Gehen wir doch auf einen Kaffee«, schlug er vor. »Laden Sie mich ein. Sie müssen wissen, ich bin momentan nicht sonderlich liquid. Aber glauben Sie mir, mein Freund, ich werde nichts schuldig bleiben.«

»Ins Central?« fragte ich.

»Das Central ist tot. Nichts mehr vom Leben früherer Zeiten. Gelangweilte Kellner und ortsfremde Gäst'. Tot wie der Peter Altenberg, der da hockt in Gips gegossen und nichts mehr sagt und nichts mehr schreibt.«

»Hawelka?«

»Kenne ich nicht, also hin.«

Zum Hawelka war es nicht weit. Der Eingang hing voll mit Plakaten und Handzetteln, die alles mögliche ankündigen wollten, literarische Zirkel, Lesungen, Konzerte, Seminare, Yoga für werdende Mütter und Treffen für Schwule, auch hingen da zweckfrei Sprüche wie beispielsweise der, daß Österreich das Land der unbegrenzten Unmöglichkeiten sei. Drinnen war es voll und verraucht, aber wir fanden noch zwei Plätze an einem der runden Tischchen mit Marmorplatte. Auf den Thonetstühlen ließen wir uns nieder, Grohmann bestellte sich einen Einspänner, Mokka mit Schlagobers, ich nahm eine Melange, eine große Tasse Kaffee mit Milch und Sahne, auch orderten wir je zwei Nußkipferl, die der Kellner uns als frisch empfahl.

Hier muß ich einfügen, daß dieses Kaffee Hawelka ein Ort war, wo Grohmann in seinem eigenwilligen Aufzug, in seinem Anzug aus dem neunzehnten Jahrhundert und mit den Nagelschuhen an den Füßen, nicht sonderlich auffiel, keineswegs Aufsehen erregte. Das Hawelka war in den letzten Jahren mehr und mehr zu einem sogenannten alternativen Kaffeehaus geworden, wo sich junge Künstler mit Studenten mischten, wo alternde und lebenslang verkannte Genies ihren Cognac tranken, Linksdenker diskutierten, Gesund-Leben-Apostel sich dem raumfüllenden Qualm der Zigaretten ergaben, wo das Völkchen also bunter war als in anderen, typischeren Wiener Kaffeehäusern und man Grohmann wohl für nichts anderes hielt als einen spleenigen Alten, wie es sie ja in jeder Großstadt mit gewissem Flair reichlich gibt.

Einen Nachteil freilich hatte dieses Kaffee. Sehr eng standen Tische und Stühle beieinander, und besetzt war fast jeder Platz. Wollte ich nicht unliebsame Aufmerksamkeit erregen, so mußte ich doch mit meinen heiklen Fragen hinterm Berg halten. Konnte doch nicht einfach sagen: Herr Grohmann, ich weiß, daß Sie vor mehr als siebzig Jahren gestorben sind, hier in Wien, daß Sie eigentlich begraben liegen sollten und in Frieden ruhen, ich weiß aber auch, daß Sie mit mir jetzt im Hawelka sitzen, fünfundsiebzig Jahre nach Ihrem Tod wohlgemerkt, Einspänner nippen und Kipferl verzehren, über die Bilder an den Wänden staunen und mit mir plaudern, als hätten Sie zu leben niemals aufgehört. So fragen konnte ich hier nicht.

»Köstlich die Kipferl«, sagte Grohmann. »Die schmecken wie daheim, früher, bei meiner Mutter. Wir hatten so ein besticktes Spruchband in der Küche hängen, worauf zwei Engerl Füllhörner leerten und dazwischen geschrieben stand: Wann's Kaffee regnen tuat und Kipfln schneibt, bitt i en Herrgott, daß Wetter so bleibt.«

Wir sprachen über Nebensächliches und Unbedeutendes, kamen vom Kaffee über Wien auf die Berge, und als es dann ans Zahlen ging und ich selbstverständlich bereitwillig auch Grohmanns kleine Zeche übernahm, bot er mir an, sich auf seine Art zu revanchieren.

»Kommen Sie im nächsten Sommer in die Dolomiten.«

Er beschrieb mir eine alte Alm unterhalb des mehr als zweitausend Meter hohen Sellajoches hoch über dem Grödnertal, dort könnte ich ihn finden, zumindest wüßte man dort über seine Unternehmungen Bescheid.

»Treffen wir uns dort, sagen wir im Juli. Und dann steigen Sie mit mir auf meinen Langkofel, auf diesen großen und großartigen Berg im Herzen der Dolomiten. Geben Sie mir Ihre Hand darauf.«

Ich willigte ein, gab ihm meine Hand, vernahm sein Lebewohl und sah ihn verdutzt auch schon hinauseilen aus dem Hawelka, wendig zwischen den Stühlen und Tischen hindurch, und bis ich Mantel und Hut von der Garderobe genommen hatte und meinerseits vor das Kaffeehaus hatte treten können, war Grohmann längst entschwunden, kräftig ausschreitend eingetaucht in die ameisengeschäftige Menschenmenge, die nunmehr die Straßen füllte. Bis nächstes Jahr im Juli also.

Ein Jahr verging. Als ich in den Dolomiten ankam, lagen noch Reste von Schnee auf den Bergen.

Aber die Wirtin der Pension in St. Christina, wo ich Quartier bezogen hatte, meinte, daß der sich nicht mehr lange halten würde.

Vom Fenster meines mit einer Duschkabine ausgestatteten Einzelzimmers aus sah ich den Langkofel. Mächtig erhebt er sich über dem Grödnertal, tausend Meter steiler Fels, unvermittelt aufragend über den Almwiesen. Zum 3181 Meter hohen Gipfel war Grohmann gestiegen, 1869, mit den Führern Innerkofler und Salcher. Ob er sich auch jetzt irgendwo dort droben herumtrieb, mit den Schuhnägeln Halt fand in den firnigen Resten des Winters oder damit kratzte auf nacktem Fels?

Wunderschön war es hier. An den Morgen, wenn das Licht über den Sellastock kam, dann stand der Langkofel kalt und grau über dem Tal, und ein dunstig bedeckter Himmel ließ mich noch ein, zwei Stunden im Zweifel, ob das Wetter auch wirklich gut werden würde. Doch seit meiner Ankunft war jeder Tag himmelblau und sonnig, wenngleich im Tal schon am Nachmittag eine gewisse Kühle einzog, weil die Sonne irgendwo hinter Bergen ihre Bahn beschrieb. Um so schöner dann die Stimmungen des Abends. Dann nämlich stand die Sonne tief im Westen und malte Gelb und Rot und Gold über die Felsen, daß man sich wünschte, jetzt oben zu sein, zu gehen, zu klettern, zu schauen.

So genoß ich die Tage. Ich verbrachte sie im Tal, hielt mich vorwiegend in St. Christina auf, unternahm kleine Wanderungen in der Umgebung, fuhr von St. Ulrich mit der Seilbahn hinauf zum Raschötzhaus, wo sich ein völlig neuer Langkofelblick darbot, blieb ansonsten diesem wuchtigen Berg und den Bergen in seiner Umgebung erst einmal fern, unterwarf mich der Einschüchterung.

Doch spürte ich zugleich das Verlangen, mich hinauf zu begeben in Grohmanns Reich, die Alm aufzusuchen, die er mir im Kaffee Hawelka genannt hatte, von Tag zu Tag wurde das Drängen stärker und eines Morgens gab ich endlich nach. Mein Wagen, kein besonders starkes und robustes Modell, plagte sich die steilen Kehren der Paßstraße hinauf, der Motor schien ein paarmal zu hüsteln, und der Auspuff pustete schwarzen Dreck hinaus. Erst als die Trassenführung flacher wurde, unter dem breit hingestreckten Sellastock ohne allzu große Steigung dahinführte, beruhigte sich mein ansonsten sehr treues Vehikel. Zwei enge Kurven noch, dann verließ die Straße die Zone, wo letzte Waldstücke hinaufreichten bis in die Unwirtlichkeit des Hochgebirges, und über weiten Almflächen, die sich hügelig zwischen Sella und Langkofel erstreckten, war die Paßhöhe auszumachen. Doch mußte ich ja gar nicht bis dorthin. Zur Rechten, nah an der breiten und erschreckend wuchtigen Ostwand des Langkofels, lagen Haus und Stadel einer bewirtschafteten Hochalm. Ein befahrbarer Wiesenweg, in den man bei einem Holzschild, das »Milch/Latte« verhieß, von der Paßstraße einbog, führte dorthin, wo ich Grohmann zu treffen hoffte.

Die Gebäude dieser Alm bestanden aus jahrhundertealtem Holz, das Haus war kleiner als der Stadel und schien sich in den Stürmen und Wettern dieser Höhe immer mehr geduckt zu haben. Das Dach des Stadels bestand zur Hälfte aus Schindeln und zur Hälfte aus Wellblech, Steinbrocken beschwerten es an jenen Stellen, die besondere Windanfälligkeit verrieten. Zwischen diesen beiden Gebäuden floß ein kleiner Bach, aus dem gerade eine zierliche Frau mit großen Eimern Wasser schöpfte. Ein paar Autos standen herum, Kühe schwenkten ihre Glocken in der Umgebung, von der nicht weit entfernten Paßstraße dröhnte der Motorenlärm von Bussen, Personenkraftwagen und Motorrädern herüber.

Als ich aus dem Wagen stieg, kam ein vielleicht fünfzehnjähriger Junge daher. Er trug Gummistiefel, einen langen, zerschlissenen Arbeitsmantel, einen kleinen formlosen Hut auf dem Kopf. Er sagte etwas, was ich nicht verstand, aber immerhin als Gruß deuten konnte. Ein wenig verschämt lächelte er mich an, und als ein Sonnenstrahl in sein Gesicht fiel, zeigte es sich, daß sein Haar rotbraun war wie die tausend Sommersprossen auf Wangen und Nase und wie der Pullover, den er unter dem halb geöffneten Arbeitskittel trug.

Alles schien den Buben zu interessieren. Meine Person, mein Auto, meine Kleidung wie mein Gepäck. Sich nicht vom Fleck rührend, begutachtete er alles voll Neugier. Doch als von irgendwo aus oder hinter dem Stadel ein Ruf kam, verschwand er so schnell wie er gekommen war, zweifelsfrei um einer Arbeit nachzugehen, die er gern hätte ruhen lassen.

Ich ging am Stadel vorbei, schritt auf einem kleinen Steg über den Bach, klopfte an der Tür des winzigen Wirtschaftshäuschens und trat ein, wobei ich mich bücken mußte, um nicht am Türstock Schaden zu nehmen. Drinnen war die Frau, die ich vorher beim Wasserschöpfen gesehen hatte, sie wischte sich die Hände an einer blau-rot gemusterten Schürze, grüßte freundlich, fragte nach meinen Wünschen und ich bestellte, um nicht einzig und allein mit der Fragerei lästig zu fallen, ein Viertel Roten und ein Stück Speck. Als sie das Gewünschte brachte, setzte sie sich zu mir an einen der derben Holztische, wünschte guten Appetit und fragte nach dem Woher und Wohin. Gern gab ich ihr Antwort; zum einen konnte ich aus so einem Gespräch vielleicht etwas über Grohmann erfahren, zum anderen bot es mir die Gelegenheit, diese Frau eingehender zu betrachten. Ihr Alter war schwer zu schätzen. Sie mochte Mitte fünfzig sein, vielleicht auch schon ein wenig älter, vielleicht noch jünger. Sie hatte ein schmales, von vielen winzigen Fältchen geziertes Gesicht, die Haut war wettergebräunt, im rechten Ohr trug sie ein goldenes Ringlein, aus ihren Augen sprach Heiterkeit.

Viele Jahre sei sie schon auf dieser Alm, erzählte sie mir, von Jugend an, Sommer für Sommer. Und das hieße: Vieh versorgen, reichlich Kühe, ein paar Schweine, Butter und Käse machen, haushalten für die Hüterbuben, für sich selbst und auch für den Bauern, der alle paar Tage heraufkäme um notwendige Arbeiten zu tun oder auch nur um nach dem Rechten zu sehen, das hieße ganz wesentlich aber auch sich um Gäste zu kümmern, Wanderer, die auf eine Brotzeit hier einkehrten, Spaziergänger, die ein paar Schritte von der Straße bis hierher taten, um sich Wein oder kuhwarme Milch schmecken zu lassen, vor allem aber Kletterer, die ihre Tage in den unzähligen schwierigen Routen der Umgebung verbrächten, abends bei ihr mit einfachen Gerichten verköstigt würden und fast umsonst im Heustadel schliefen. Seit sie sich erinnern könnte, wären die Bergsteiger bei ihr abgestiegen, früher weniger, weil der Alpinismus noch kein Massensport gewesen sei, heute mehr, so daß an guten Wochenenden der Stadel voll sei wie eine Sardinenbüchse.

Ich brachte ins Gespräch, daß ich einen Bergsteiger suchte, nicht mehr jung an Jahren, altmodisch gekleidet, das Gesicht von kräftigem Seehundsbart geziert, die Füße nagelschuhbewehrt. Vorsichtig tat ich das, mich nicht verraten wollend.

Doch welch Wunder.

»Den Grohmann meinen Sie«, sagte die Almbäuerin.

»Heute früh ist er weg, hinauf irgendwo, weiß Gott wohin. Morgen wird er wieder dasein, hat er gesagt.«

»Wie alt sind Sie«, entfuhr mir die Frage, die man als Mann von Kultur keiner Frau stellen sollte. Doch als sie so selbstverständlich über Grohmann sprach, da erwachte in mir der Verdacht, daß sie vielleicht wie er aus dem letzten Jahrhundert stammen könnte, ein warmherziges Relikt aus früherer Zeit.

So genau könne sie sich nicht mehr erinnern an den Tag ihrer Geburt, sagte sie. »Auf alle Fälle viel zu alt, daß mir die Arbeit hier oben noch leicht fallen könnte.« Einen Moment lang blickte sie ernst und schaute gleichsam durch mich hindurch. Dann begann sie zu lächeln wie zuvor. »Noch in jedem Herbst habe ich gesagt, daß mich der nächste Sommer nicht mehr auf der Alm sehen wird. Und jedes Jahr bin ich wieder herauf. Ich hab' halt ein Gesicht wie eine Alte und das Herz wie eine Junge.«

Ich beschloß, den Tag auf der Alm zu verbringen und in der Nacht im Heustadel zu schlafen. Es sei schon noch Platz für mich, sagte die Frau. Dürfte mir halt nichts daraus machen, daß Kuh- und Schweinestall an den Stadel gebaut und es ganz ordentlich durch die Ritzen stänke. Ich machte mir nichts daraus. Ich blieb. Morgen würde Grohmann kommen.

Als mich am nächsten Morgen die sich im Stadel breitmachende Aufbruchstimmung weckte, stand die Sonne schon hoch über dem Sellajoch, es war warm, und es würde ein guter Tag werden. Ich schüttelte mir das Heu von den Kleidern und aus dem Haar, schlüpfte in die Schuhe und trat hinaus ins Freie. Kletterer hockten da und frühstückten oder sortierten bereits ihre Sachen, Karabiner und Klemmkeile, Seile und Helme. Die Kühe waren aus dem Stall getrieben und weideten in der Nähe, auf daß sich ihre Euter füllten. Ich reckte und streckte mich, besah mir den breiten Sellastock mit seinen fünf markanten Türmen, freute mich über die Lichtspiele am Langkofelmassiv, das sich kolossig über der Alm erhebt, und staunte nicht schlecht über die kleine Gesellschaft, die an einem grob gezimmerten Holztisch vor dem Wirtschaftsgebäude beisammensaß: Ich sah die freundliche Sennerin, neben ihr einen Mann in mittleren Jahren, bei dem es sich um den Bauern handeln mußte, vis-à-vis saßen der rothaarige, sommersprossige Bub und, unverkennbar, Grohmann.

»Da sind Sie ja«, rief er. »Kommen Sie, mein Freund. Wie ich mich freue, daß Sie hierher gefunden haben.«

Herzlich drückte er mir die Hand, dann rückte man zusammen, damit auch ich am Tisch noch Platz finden und in den etwas zweifelhaften Genuß eines sehr bäuerlichen und sehr kargen Frühstücks kommen konnte. Es bestand aus nichts anderem als einem Napf voll mit reichlich gemilchtem Malzkaffee, in den man nun steinharte Gewürzbrotstücke gab und nach kurzem Aufweichen löffelte. Nachdem alle aufgegessen hatten, wurde ein Dankgebet gesprochen, jeder bekreuzigte sich, die Sennerin räumte den Tisch ab und verschwand in der Stube, der Bauer und der Bub begaben sich an irgendeine Arbeit, nur Grohmann und ich blieben sitzen an unserem Platz, den die Sonne aufs angenehmste wärmte.

»Wer ist diese Frau?« fragte ich. »Sie scheint mir jung und alt zugleich, rätselvoll wie Sie selbst, mein lieber Grohmann.«

Er lächelte und zögerte einen Moment mit der Antwort.

»Wollen Sie mir ein klein wenig Vertrauen schenken? Wollen Sie mir glauben, auch wenn es unglaubwürdig klingen mag?«

Was hätte ich darauf erwidern sollen. Stumm und unverwandt sah ich ihm weiter in die Augen, was ihm als Antwort zu genügen schien.

»Das sind feine Leutchen hier. Die alle, an deren Tisch wir heute sitzen dürfen. Der Bub, der Bauer und Stina, die Sennerin.«

Er sah nach der Tür des Hauses, ob seine Worte nicht zufällig aufgeschnappt werden könnten.

»Sie sind so alt wie die Dolomiten selbst. Lebten schon hier, als die Menschen in den Tälern sich Märchen zu erzählen begannen, um die schönen und schrecklichen Wunder des Gebirges begreifbar zu machen. Sie sind tausend Jahre und älter. Sie waren immer da und werden immer da sein. Dieses Land der großartigen Berge, dieser lotrechten Wände, der Türme und Zacken und Grate und Pfeiler, dies alles ist ihr Reich. Worin sie uns Bergsteiger spielen, austoben lassen. Doch

Hand aufs Herz: Wer von uns vermag das Wesen dieses Gebirges schon zu erfassen, wie diese Leute es tun? Wer von uns ist mehr als ein Eindringling, selbst wenn er kommt mit den redlichsten Absichten? Doch keine Bange, ich will Ihnen nichts vermiesen. Es sind gute Leute, die sich an uns nicht sonderlich stören. Die uns vielmehr gut gesinnt begegnen. Sie leben mit stoischer Gelassenheit durch all die Jahrtausende. Sie verstehen uns und unser Tun nicht im geringsten, gleichwohl heißen sie uns willkommen, wenn wir ihnen geben, was ihnen gebührt: ein kleines Maß an Respekt. Mein Rat: Stellen Sie sich gut mit der Stina. Man sagt, diese Gegend hier sei das Herz der Dolomiten. Ich füge hinzu: Stina ist die Seele.«

Wir schwiegen beide für eine Weile. Dann ergriff Grohmann nochmals das Wort, seine Stimme schien verändert, Tatendrang war im Begriff, die Nachdenklichkeit zu verdrängen. Mit leuchtenden Augen wandte er sich an mich und sagte: »Natürlich, das hier ist auch mein Reich. Die Dolomiten. Fragen Sie, auf welchem der großen Berge ich hier nicht gestanden bin. Fragen Sie, nur zu. Überall war ich oben. Als erster. Auf der Zinne drüben in den Sextenern, nein, von hier kann man sie nicht sehen, ist noch ein gutes Stück weit entfernt. Auf der Marmolada, der Königin der Dolomiten. Und hier, legen Sie den Kopf ruhig in den Nacken, auf dem Langkofel.«

»Hier, durch diese Wand?« fragte ich naiv.

»Um Gottes willen, nein. Von Südwesten her, auf der anderen Seite des Berges fand ich den idealen Aufstieg.«

Mittlerweile schienen auch die Urlauber und Ausflügler ausgeschlafen zu haben, immer mehr Autos dröhnten in Richtung Paßhöhe, immer stärker wurde der Verkehr. Nur wenige hundert Meter von der Straße entfernt jedoch bewohnte ich eine andere Welt. Ich stützte einen Ellbogen auf den Tisch, legte meinen Kopf in die flache Hand und lauschte Grohmanns Erzählung von der Erstbesteigung des Langkofels, wobei ich mehrmals geneigt war, dies alles nur für einen sonderbaren Traum zu halten.

Grohmann erzählte von 1869. Wie er nach Gröden gekommen sei, in der Postkutsche, und ihm der Kutscher davon berichtete, daß erst kürzlich ein Herr und zwei Führer am »Saßlung« gescheitert waren. »Den Saßlung steigt keiner«, habe der Kutscher abschließend gesagt, ihm, Grohmann, damit jedoch nur ein mildes Lächeln entlocken können.

Am 13. August jenes Jahres sei er dann morgens um vier aufgebrochen, begleitet von den vorzüglichen Führern Franz Innerkofler und Peter Salcher. Nebel habe das Gebirg' verhüllt, eiskalt sei dieser anbrechende Tag gewesen. Aus jenem Felskar, das von den wundervollen Gestalten des Langkofelmassives umgeben ist, von Plattkofel und Zahnkofel, Grohmannspitze, Fünffingerspitze und seiner Majestät, dem Langkofel höchstpersönlich, aus diesem weiten Kar habe man eine Anstiegsmöglichkeit gefunden, eine gangbare Linie zum fast 3200 Meter hohen Gipfel. Eine Kombination aus felsigen Bändern und steilen, eisigen Couloirs.

»Ich kann Ihnen sagen, da war etwas geboten. Steine prasselten durch diese Eisschläuche hernieder, und hätten meine braven Führer nicht schon vom Stufenschlagen geschwitzt, so wären sie bei der angebrachten Eile doch gehörig in Hitze geraten.«

Allerlei glücklichen Fügungen sei zu danken gewesen, daß diese schwierigen und überaus gefahrvollen Passagen unbeschadet bewältigt werden konnten. So sei an einem herrlichen Tag, der Nebel hatte sich verzogen, erstmals dieser stolze Berg erstiegen worden.

»Alles andere Zackengewirr lag unter uns. Was kümmerte uns da noch der Wind, der uns etwas unsanft umfaßte. Meine Leute jubelten, umarmten mich und dankten mir, weiß gar nicht wofür.«

Nun legten wir in der Tat alle beide die Köpfe in den Nacken und blickten hinauf zu jener Grenze zwischen steilem Fels und wolkenlosem Himmel, wo irgendwo der Gipfel sein mußte.

»Erinnern Sie sich noch an unsere Zusammentreffen in Wien?« fragte Grohmann unvermittelt. »Sie haben mich ins Kaffee eingeladen, und ich habe versprochen, mich gelegentlich zu revanchieren.«

Gewiß, sagte ich, gewiß könnte ich mich erinnern. Doch sei das doch lediglich eine unbedeutende Kleinigkeit gewesen, nicht der Rede wert, von Revanchieren ganz zu schweigen.

»Keine falsche Bescheidenheit, mein Freund. Wien, unsere Stadt, das ist Ihr Reich. Hier ist das meine. Hier kenne ich mich aus wie nirgends auf der Welt, hier will ich Ihnen etwas bieten, was unver-

Felsdom über dem Grödnertal, Wahrzeichen Südtirols, Trenkerberg und Symbol für die Dolomiten, jenes unvergleichliche Paradies aus Stein: der Langkofel. 1869 gelang Grohmann und seinen Führern die erste Besteigung.

geßlich sein soll. Ich nehme an, Sie haben etwas Zeit mit in die Dolomiten gebracht. Auch scheint mir Ihre Kleidung in Ordnung und Ihr Schuhwerk entsprechend. Meinem Gedanken steht nichts im Wege.« Weil eben Stina aus dem Haus trat, bat Grohmann sie um einen halben Liter Rotwein sowie zwei Gläser, denn, so meinte er zu mir, das, was nun abgemacht werden müsse, verdiene mit einem guten Südtiroler Schluck begossen zu werden.

»Morgen in aller Früh brechen wir hier auf. Wir umrunden den Langkofel und dann begehen wir meinen Anstieg von damals. Keine Widerrede. Ich verspreche Ihnen: Das wird für uns ein großartiges alpinistisches Erlebnis, Kämpfen und Ringen, und es wird beim derzeit herrschenden Wetter eine unvergleichliche Gipfelstunde geben. Klein wird uns diese Welt zu Füßen liegen, in der Ferne aber wird mit gleißenden Gletschern die Marmolada grüßen, die strahlende Königin, und der Rosengarten, des König Laurins Reich. Kommen Sie, stoßen Sie an mit mir auf den morgigen Tag.«

Ehe ich mich recht versah, hatte ich, der ich nicht viel mehr bin als ein leidlicher Bergwanderer, mein Glas gehoben, es mit dem von Grohmann zu hellem Klang gebracht und, als wenn ich mir Mut zutrinken wollte, in einem Zug geleert. Natürlich wollte ich entgegnen und erwidern, ablehnen, einschränken, Zweifel und Bedenken vorbringen, doch Grohmann wollte von all dem nichts wissen.

»Nutzen Sie den Nachmittag, um hier die notwendigen Vorkehrungen für morgen zu treffen. Ich werde mich auf die Suche machen nach Salcher und Innerkofler, zwei braven Führern, wie gesagt, die sollten dabeisein wie damals und sich uns als nützlich erweisen.«

Auch er leerte nun sein Glas, goß den Rest aus der Karaffe ein und kippte auch dies hinunter, dann grüßte er kurz und machte sich, weit ausschreitend wie immer, auf den Weg Richtung Sellajoch. Ich blieb zurück, allein mit meinen Ängsten, meinen Nöten...

Nun ist der Abend hereingebrochen. Ich sitze in der kleinen Alm, Stina bereitet für die Kletterer Tiroler Gröstl. Im Schein einiger flackern-

Schaustücke der Bayerischen Voralpen: Herzogstand (links) und Heimgarten. An letzterem begann, so sagt es die Überlieferung, der alpinistische Tourenskilauf. 1890 mühte sich ein gewisser Karl Otto mit Lindenholzbrettln hinauf zum 1790 Meter hohen Gipfel.

der Kerzen beende ich vorerst meine Aufzeichnungen, schließe vorläufig mit eher privatem Nachsatz, weil ich nicht weiß, was die Zukunft bringt.

Nachdem Grohmann gegangen war, wollte auch ich sogleich aufbrechen, meine Sachen ins Auto werfen und davon, die Paßstraße hinab und fort aus den Dolomiten, hinweg aus seinem unheimlichen Reich. Wäre ich doch verrückt, mich auf eine Besteigung des Langkofels einzulassen, auf dem gefährlichen Weg der Erstbesteiger, der, wie mir einer der Kletterer bescheinigte, heutzutage auf leichterer und weniger beängstigender Variante umgangen wird. Wäre ich doch verrückt, dies obendrein zu tun mit drei Herren aus dem letzten Jahrhundert, längst verstorbenen Herren, die jedoch, weil zu Unsterblichkeit gelangt, weiterleben, als wäre nichts geschehen, als wären nicht einhundertzehn Jahre vergangen zwischen damals und heute.

Schließlich habe ich solche Bedenken verworfen und bin geblieben. Weiß Gott warum. Lockt mich das größte Abenteuer meines Lebens? Lockt mich der schmale Grat zwischen den Welten? Lockt mich nur Grohmann, dessen Faszination mich gefangengenommen hat?

Ich packte meinen Rucksack, ließ mich von Stina, der tausendjährigen Seele der Dolomiten, mit etwas Proviant versorgen, füllte Wasser in meine Trinkflasche, prüfte meine Taschenlampe, denn wir werden noch vor Anbruch der Dämmerung unterwegs sein müssen, stellte meinen Reisewecker auf drei Uhr fünfzehn und setzte mich in der Gewißheit, alles Nötige auf das beste getan zu haben, an den Tisch und schrieb an diesen bereits in St. Christina begonnenen Aufzeichnungen, die ich nun, umgeben von Bratkartoffelaroma und gehandikapt durch schlechtes Licht, schwer leserlich zu Ende bringe.

Morgen gehe ich mit Paul Grohmann auf den Langkofel. Auf gefährlichem Weg. Auch ist mir bewußt, daß man das Jahr 1980 schreibt und jedem Menschen von Bildung meine vorausgegangenen Ausführungen wie Hohn und Spott erscheinen müssen. Und doch sind sie die Wahrheit, sind sie meine Wahrheit.

Stina bringt das Essen. Es ist an der Zeit, meine Aufzeichnungen abzuschließen. Bald werde ich mich im Heu vergraben und mit einem stillen Gebet darum bitten, morgen abend wieder hier sein zu können, zurück vom Langkofel, wohlbehalten, unversehrt. Und von Grohmann, diesem unerklärlichen, seehundsbärtigen Paul Grohmann fürderhin meine Ruhe zu haben.

Am Rande der Alpen

Das Narrenstück eines gewissen Karl Otto: die Besteigung des 1790 Meter hohen Heimgarten mit Ski

Schwer lag Nebel über dem Land. Die Bäume verbargen ihr kahles Geäst hinter grauem Schleier, die Kirchglocken der Dörfer klangen gedämpft, die Pferde atmeten Fahnen feuchter Luft. Schwer lag Nebel über dem Land.

Wäre an diesem frühen Januarmorgen ein Ortsunkundiger des Weges gekommen, er hätte keine Vorstellung von dieser Region am Nordrand der Alpen erlangt, hätte vielleicht nie erfahren, daß dieser Teil des bayerischen Landes schön und überaus reizvoll ist, daß der hier vorherrschende Gegensatz von flachem Moorland und teils sanfter, teils ziemlich schroffer Bergwelt berühmten Alpengegenden an faszinierender Ausstrahlung in nichts nachstehen mußte. Morgen wie diese, an denen der Himmel kalten Schweiß schwitzend die Erde zu streicheln schien, gab es viele. Der Fluß, der See, das weite Moor waren die Nebelmacher. Gemächlich wand sich die Loisach, aus dem Werdenfels kommend, bis hin zum Kochelsee, dessen Südufer von den Flanken des Herzogstands gebildet wird. Unter einer dünnen Eisschicht vermengte sich das Flußwasser mit dem des Sees, bevor die Loisach ihren Weg fortsetzte, hinaus aus dem Kochler See und dem Rohrsee, nordwärts, beidseitig von einem Moorland begrenzt, das die Bauern mühevoll zu entwässern und in Nutzland umzuwandeln versuchten. Kalte, feuchte, unfreundliche Morgen waren das.

Einer wie Karl Otto jedoch, der seit langem in dieser Gegend heimisch war, der zunächst in Benediktbeuern am Ostrand des Moores gelebt und gearbeitet hatte, bevor es ihn nach dem Gestüt Schwaiganger verschlug, einer wie er ließ sich vom undurchdringlich grauen Trugbild nicht täuschen. Weil er das Wetter und die Berge kannte, war er sich der geringen Nebelschichthöhe gewiß, wußte er um die darüberliegende Pracht des Tages. Und so machte er sich an einem Januarmorgen im Jahr 1890 allein und in aller Stille auf seinen Weg, verließ das Areal des Gestüts, den leinenen, birnenförmigen Rucksack am Rücken, ein selbstentworfenes Paar Ski aus Lindenholz zunächst noch unter dem Arm, eine Alpenstange in der freien Hand und den knirschenden Schnee unter den genagelten Sohlen der Schuhe.

Der Heimgarten war sein Ziel, ein knapp achtzehnhundert Meter hoher Berg, der sich südlich über Schwaiganger erhebt, der an klaren Tagen durch die Fenster in die Amtsstuben des Remontegestüts hereingrüßte oder mit winterweißem Gipfel lockte, wenn man ausritt auf dem hohen Rücken eines vollblütigen Hengstes, so unwiderstehlich lockte, daß man dem edlen Tier am liebsten die Sporen gegeben hätte, auf daß es bis zum Gipfel hinauf wäre in strengem Galopp.

Dort, wo das zunächst flache Gelände allmählich anzusteigen begann, schnitt Otto mit seinem Hirschfänger Zweige von den tiefen Ästen schneeschwerer Fichten und Tannen. Mit dünnen Lederriemen, von denen er auch zur Reserve hinreichend im Rucksack mit sich führte, band er das kratzige Geäst an die Unterseite der Ski. Mit festen Hanfriemen befestigte er diese dann an seinen ledernen Stiefeln, einen über dem Vorderfuß, zwei am höchsten Punkt des Ristes überkreuz. Die Lindenlatten saßen fest, und die Skitour, diese erste, wahre, historische Skitour konnte beginnen.

Otto setzte einen beskiten Fuß vor, rutschte damit einige Zentimeter zurück, bis das Geäst an der Unterseite Halt fand im Schnee, mit der Alpenstange hielt er das Gleichgewicht oder unterstützte die Bewegung, links, rechts, schwerfällig noch, stolpernd, ein-, zweimal auch stürzend, so begann unansehnlich der winterliche Aufstieg zum Heimgarten. Ganz allmählich aber fand Otto mit seinem neuartigen Sportgerät zu einem Rhythmus des Vorwärtskommens, immer sicherer stand er auf den Ski, immer gleichmäßiger erfolgte der Bewegungsablauf. Hatte auf den ersten Metern noch jeder Schritt eine Unmenge Kraft gekostet, so erschien ihm nach einer halben Stunde stetigen Steigens das Vorankommen ungleich leichter als zu Beginn. Er hatte den richtigen Kniff gefunden, hatte nun heraus, wie er sich bewegen mußte, um sich nicht vollständig zu erschöpfen. Doch auch so war die Mühsal noch groß, und unter seiner gestrickten Weste und der lodenen Jacke schwitzte er trotz der Kälte dieses Morgens.

Zentimeterdick pappte der Reif auf den Zweigen, die tief herabhingen, er hatte um jede Tannennadel, jedes vom Herbst vergessene Blatt ein wundervolles Eisgebilde ziseliert, und das wuchs und wuchs, weil in den talnahen, nebelversunkenen Lagen die Sonnenstrahlen den Frostgebilden nichts anhaben konnten.

Nach einer knappen Stunde, die Karl Otto entlang ihm vom Sommer her bekannter Holzziehwege langsam, aber stetig bergauf gebracht hatte, begegnete er im scheinbaren Schlechtwettergrau dem alten, einarmigen Jäger aus Ohlstadt, der, längst im Austrag, noch wie eh und je Morgen um Morgen durch sein früheres Revier strich, das Gewehr schräg über dem Rücken, Schneeschuhe an den Füßen und im Mund eine teerwandige Tabakspfeife, die mit dem Rauch den unangenehmen Geruch der vielen Jahre ausschied, der direkt aus den Gedärmen des Alten aufzusteigen schien. Sie erkannten sich schon von weitem. Es gab nicht viele einarmige Jäger in dieser Gegend. Und auch Karl Otto aus Schwaiganger hatte es in den umliegenden Dörfern zu gewisser, wenngleich zweifelhafter Berühmtheit gebracht. Seine skifahrerischen Versuche mit den verschiedensten Geräten an den verschiedensten talnahen Hängen hatten sich schnell herumgesprochen, waren schnell zum allgemeinen Gespött geworden. »Was ham S' uns denn da für an Narrn gschickt«, mokierten sich in Weil und Ohlstadt die einschichtigen Bauernköpf beim Frühschoppen nach der Sonntagsmesse.

»Da Skibrettl-Kare, do schaug her«, sagte der Jäger, und der unablässige Griesgram verschwand aus seinem Gesicht und wich einer spottfreundlichen Heiterkeit.

»Wo geht's denn hi so friah?«

»Aufn Hoagart, wann ois paßt«, antwortete Otto karg und hielt sich nicht lange auf, der Weg sei weit und überhaupt, verschwitzt wie er war, könne er nicht lang so stehen in der eisigen Kälte.

Der Jäger sah dem Skibergsteiger grinsend und kopfschüttelnd nach, murmelte Unverständnis und amüsierte sich zugleich köstlich über den Deppen und was diese Begegnung abends beim Bräu für einen Spaß geben würde.

Zur Rechtfertigung des Jägers, zumindest zum besseren Verständnis seines Standpunktes, muß zugegeben werden, daß die Fortbewegungsart, die Karl Otto da praktizierte, alles andere als schön anzuschauen war. Sie schien jeglicher Logik zu entbehren, bar jeder Eleganz zu sein. Kein noch so toleranter Beobachter hätte ein Lächeln verkneifen können, geschweige denn, daß er auf die Idee gekommen wäre, aus Ottos schweratmendem, stapfendem, schiebendem und drückendem Aufwärtsstreben könnte sich ein neuer Zweig des Alpinismus entwickeln.

Otto setzte unbeirrbar seinen Weg fort. Er machte sich nicht viel daraus, was andere von ihm dachten oder im Wirtshaus hinterm Bierseidel hockend über ihn zum besten gaben. Sollte doch jeder glücklich sein nach seiner Façon. Ihm war es doch auch egal, daß der einarmige Alte noch immer durchs Revier schlich und keine Ruhe finden wollte. Und lächelnd bezichtigte Otto den Jäger der Dummheit, ans sagenhafte Heimgartengold zu glauben, das schon manchen rechtschaffenen Mann zugrunde gerichtet haben soll und das er wohl sucht in der Stille der Wälder, glitzernd an Felsen im Wald, im Sommer in den Quellen und in den Wasserläufen, die schimmernd wie Silberfischschuppen und Katzengold talwärts sprangen.

Otto gewann an Höhe. Wenn er zwischen den rauhreifbeschichteten Ästen nach oben sah, konnte er ein Zunehmen des Lichts gewahren, ein Aufhellen des trüben, dicken Graus, er konnte die Sonne ahnen und wie sie den Nebel in der oberen Schicht lichtete und mit Himmelblau durchsetzte. Er ging schneller jetzt. Bald würden die Zweige an den Ski durch neue ersetzt werden müssen, bald wäre auch eine Rast angebracht. Heraus also aus dem feuchtkalten Wald und hinauf zur Sonne.

Es war ein Ereignis. Geradezu von einem Schritt zum anderen veränderte sich die Welt. Der Nebel blieb unter den Füßen, der Himmel war voll gleißenden Lichts, der Schnee blendete funkelnd die Augen. Otto ging, bis der Wald sich lichtete und die Sicht freigab nach den umliegenden Höhen. Er fegte den Schnee vom Stamm eines umgestürzten Baumes, band die Ski ab, faltete ein Stück Sackleinen zusammen, legte es auf den kalten Stamm und ließ sich darauf nieder.

Aus dem Rucksack holte er eine Blechflasche mit Tee, der von übergestülpten Walkfäustlingen warmgehalten worden war, zudem ein Stück Speck und einen Ranken Brot. Zwei Stunden mochten seit seinem Aufbruch vergangen sein, da tat Stärkung gut, der Tee erwärmte die vom Atmen kaltgewordene Kehle, das Fleisch und das Brot brachten neue Kraft. Ein Meer aus Nebel brodelte unter seiner Aussichtswarte, darüber war der Himmel klar, und Berge ragten in ihn hinein. Das Hörndle von Kohlgrub schaute gerade so aus dem Gewölk heraus, weiter im Süden streckte sich der Aufacker, gleich daneben als zwei felsige Zacken das Ettaler Manndl, noch weiter südlich der Kramer und im Westen die Gipfel der Ammergauer Alpen. Jetzt beruhigten sich seine Lungen, und er konnte die Luft durch die Nase saugen und riechen, wie sie riecht. Der Schnee roch wie gekühlter Gips, der Wald roch nach frisch geschnittenen Bäumen und ein wenig nach Harz, und vom Tal herauf – er hätte es schwören können, obwohl er um die Sinnestäuschung wußte –, vom Tal herauf schien das Aroma der Sonntagsbraten zu steigen, die bei den großen Bauern von Ohlstadt in den Ofenrohren gen Mittag schmorten. Doch Ohlstadt war weit, und der Morgen noch milchkaffeefrüh.

Genügte es nicht, bis hier herauf zu steigen, mit Ski bergan bis zu diesem wunderbaren, aussichtsreichen, Genußstunden verheißenden Platz, von dem aus die Welt grönländisch erschien, aus Eisbergen bestehend, die auf gefrorenem Nordmeer trieben? Man mußte sich schon aufraffen nach der Brotzeit, die Zweige an den Ski erneuern, Riemen austauschen, den Rucksack wieder packen und den Anstieg fortsetzen. Es brauchte viel sportlichen Ehrgeiz, um sich einsam auf den Weg zu machen, wo das Verweilen, das einfach nur Dahocken und Schauen so verlockend war. Doch solchen Ehrgeiz hatte Karl Otto zuhauf. Es ging ihm nicht ums Erleben der Berge allein, die kannte er zur Genüge. Als ausgezeichneter Turner und erfahrener Bergsteiger, als Sportsmann durch und durch ging es ihm in erster Linie darum, immer wieder Ungewöhnliches zu vollbringen, in die Tat umzusetzen, was schon als Idee absurd, undurchführbar, chancenlos erschien. Wäre doch gelacht, wenn er da nicht hinaufkäme, auf den Heimgarten im westlichen bayerischen Voralpenland. Da hat er schon ganz andere Dinge vollbracht. Mit Schneeschuhen war er im Winter 1885 auf die Benediktenwand gestapft, zwölfhundert Höhenmeter von Benediktbeuern hinauf zum weithin sichtbaren Gipfelkreuz. Und wie es ihm niemand hat glauben wollen, da ist er gleich noch einmal den beschwerlichen Weg gegangen, hat ein Tuch am Kreuz befestigt und damit jeden Zweifel aus der Welt geschaffen.

Bei anderer Gelegenheit war er auf die Zugspitze gestiegen. Im Sommer zwar, dafür aber auf einem endlos langen Weg in unvorstellbar kurzer Zeit. Von Benediktbeuern war er hinauf zum Walchensee, weiter nach Klais, übers Graseck hinein ins Reintal, hinauf zum fast dreitausend Meter hohen Gipfel, durchs Reintal wieder hinab nach Garmisch, über Eschenlohe nach Weil und von hier durchs Moor nach Benediktbeuern, wobei er sich unterwegs im letzten Abschnitt seiner fünfundfünfzigstündigen Nonstop-Fußreise bei Nacht und im Nebel verirrte, den Trifftkanal bis zum Nabel im Wasser durchwatete und schließlich im Geäst einer Weide sitzend das Tageslicht abwarten mußte.

Nicht zu vergessen jene Wette, auf die er sich im Vertrauen auf seine Ausdauer eingelassen hatte: von Bichl nach Mittenwald, was an die fünfunddreißig Kilometer Strecke sein mag, in weniger als sechs Stunden. Nach fünfeinviertel Stunden, in denen auch mancher Höhenmeter unter die ausgetretenen Bergstiefel zu nehmen war, hatte er den Mittenwalder Obermarkt erreicht und soll, wie es von Augenzeugen überliefert ist, nach diesem Gewaltmarsch keinerlei Ermüdungserscheinungen gezeigt haben.

Was dagegen ist schon der Heimgarten! Selbst mit Holzlatten an den Schuhen und einer kraftraubenden Technik der Fortbewegung, für Karl Otto ist das zu schaffen. Doch war er noch weitere dreieinhalb Stunden unterwegs, um seine skialpinistische Pioniertat mit dem Gipfel krönen zu können. Die lodene Jacke war nun im Rucksack verstaut, die Bewegung wärmte genug, und die Sonne tat ein übriges. Es taute der Reif an den Bäumen, und überall tropfte es von den Ästen und Zweigen, als wenn der Winter weinen würde über die Unverfrorenheit des Wetters. Naß regnete es Otto in den Kragen hinein, es tropfte ihm ins Gesicht, und die gestrickte Joppe sog die Nässe auf. Doch was machte das schon angesichts der stillen Schönheit winterlicher Bergwelt. Sein Weg führte ihn hinaus aus der waldreichen Region, er kam zu tiefverschneiten Hochflächen mit dösenden Almhütten, denen der Schnee bis unter die Dächer reichte, er ließ das felsige Gelände des Heimgartens linker Hand liegen, hielt sich rechts, dort wo im Sommer alles latschenbestanden und nun von einer fast lückenlosen weißen Schicht bedeckt war, er stieg mühsam steil hinauf zu dem Höhenrücken, der von seinem Berg westwärts sich senkte, er genoß schon hier großartige Aussichten, die ihm im bisherigen Aufstieg verborgen gewesen waren, er traversierte achtlos steile Schneehänge, nichts ahnend von der Gefahr der Lawinen, den todbringenden Schneestaubwolken, den gnadenlos alles erdrückenden Schneebrettern. Er plagte sich schwitzend wie ein Hufschmied empor zu den dick verschneiten und überwächteten Gipfelfelsen, er nahm vorsichtig die letzten Meter, immer auf die überkragenden Firnwülste achtend, um schließlich, es war um die Mittagsstunde, in 1790 Metern Höhe beim hölzernen Kreuz anzulangen, hoch über einem wolkenbedeckten Land, bergeinsam in der Pracht dieses Tages.

Sein Traum, seine Idee hatte sich erfüllt. Die Verwirklichung eines Wunsches, der von einer nunmehr siebzehn Jahre alten Ausgabe der Zeitschrift »Gartenlaube« geweckt worden war. Ein geschickter Zeichner hatte ins Bild gesetzt, was man zu jener Zeit in Deutschland vom nordischen Skilauf gemunkelt hat. Mit dieser Grafik als Grundlage hatte er die Ski, mit denen er nun am Heimgartengipfel stand, konstruiert und sie, zwei Meter lang und mit abgerundeten, vorne hochgezogenen Spitzen, vom Benediktbeurer Wagnermeister Hellersteiner anfertigen lassen. Ungezählte Stunden hatte er dann geübt. Am Fuß der Benediktenwand, später im Schwaigangerer Gebiet. Immer wieder hatte er andere Bindungsmöglichkeiten ausprobiert und überlegt, was er gegen das Zurückrutschen beim Aufstieg würde tun können. Jetzt stand er oben. Hatte seiner Zeit vorausgedacht und danach gehandelt, sportlich, ausdauernd, willensstark. Allein und zufrieden lehnte Karl Otto am Gipfelkreuz des Berges, den er für sein Unternehmen auserkoren hatte und der damit, ohne viel dafür zu können und auch ohne Ottos Wissen um die alpenweite Pioniertat, ein Stück Alpingeschichte geworden ist.

Seine durchgeschwitzten Kleider zog Otto aus, rieb sich Brust und Rücken trocken, hängte Hemd und Joppe ans Kreuz und saß mit nacktem Oberkörper bei der Gipfelrast. Über den langen, überwächteten Grat schaute er hinüber zum Herzogstand, den man als des Heimgartens Zwillingsbruder bezeichnen kann und unter dessen Gipfel vor vielen Jahren König Max von Bayern ein Jagdhaus hatte errichten lassen, später war auf König Ludwigs II. Wunsch ein weiterer Bau entstanden, und mancher schöne Sommertag hatte die Regenten auf Pferderücken ihren Bergdomizilen zustreben sehen. Ob sie sich, geplagt von der Mühsal des Regierens, je so wohl gefühlt haben wie Karl Otto am Höhepunkt seiner Skitour, wo er den grenzenlosen Blick über eine hochwinterliche Gebirgswelt genießen konnte? Das Estergebirge in seiner weißen Pracht fing den Blick und führte ihn südwärts zum Wetterstein mit der Zugspitze, der Alpspitze, dem kühnen, felsigen Verbindungsgrat. Ließ er die Augen nach rechts schwenken, so sah er die Ammergauer Alpen und Teile vom Allgäu und den Lechtalern. Links, im Osten, dominierte das tausendgipfelige Karwendel, Bergkette reihte sich hinter Bergkette, bis der Betrachter plötzlich bemerkte, das war schon nicht mehr Wetterstein, nicht mehr Karwendel, da leuchteten schon die gletscherübergossenen Dreitausender der

Zentralalpen am Horizont, Zillertaler, Stubaier, Ötztaler Berge, Traumriesen, Skitraumriesen in der Ferne, jenseits des Inntals.

Über eine Stunde saß Otto am Gipfel des Heimgartens, ließ sich von einer erstaunlich kraftvollen Wintersonne wärmen, sog die unvergleichliche Fernsicht in sich hinein, ruhte aus von den Anstrengungen des Aufstiegs und trank aus einem kleinen silbernen Fläschchen einen kräftigen Schluck Schnaps, wie er es bislang bei jeder Bergbesteigung getan hatte, dieses Mal aber doppelt genießerisch, trank doch der Stolz auf sein ungewöhnliches Unternehmen mit.

Dann aber war es an der Zeit. Er riß die gefrorenen Zweige von den Ski, rieb die Lindenbretter trocken und bestrich sie mit einem Wachs, das im Gestüt zum Polieren des Lederzeugs, der Sättel, Geschirre und auch Stiefel Verwendung fand. Er zog sich sein luftkaltes Obergewand wieder an, packte seine Sachen in den Rucksack, drückte sich den Hut tief in die Stirn und machte sich nach einer letzten Umschau auf den Weg ins Tal.

Am Anfang, wo es steil und gefährlich war, rutschte er seitlich bergab, kantete und bremste mit den Ski und mit der Stange. Wo er freie Hänge erreichte, probierte er mit wechselndem Erfolg die Stemmbögen, fuhr einige Meter, stemmte nach rechts, rutschte weiter, stemmte nach links, wurde schneller, zu schnell, versuchte einen Bogen und landete im tiefen Schnee. Seine Abfahrtsspur glich einem wild zerpflügten Feld aus Schnee, tiefe Dellen zeigten alle zwanzig bis dreißig Meter Ottos Bruchlandungen an. Doch auch diese Methode führte zum allmählichen Erfolg. Nicht nur, daß er ähnlich wie im Aufstieg auch beim Fahren bergab zu seinem Rhythmus fand, längere Strecken stehend, geradefahrend und Bögen stemmend, bewältigen konnte und immer seltener zur Ganzkörperbremsung gezwungen war, auch verflachte sich das Gelände und wurde besser geeignet für Ottos skifahrerisches Experiment.

Entlang seiner Aufstiegsspur glitt er auf den Brettern talwärts und kämpfte mit der Materie und dem Material. Mal lockerten sich die Riemen, mit denen die Ski an den Stiefeln befestigt waren, und mußten, im tiefen Schnee hockend, wieder festgezurrt werden, mal kam ihm die Alpenstange aus, die beim Lenken und Bremsen so nützlich war, und schlitterte den Hang hinab, und es bedurfte einiger Anstrengung, sie abseits der vorgesehenen Route zurückzuerlangen. Doch war Karl Otto, wie bereits erwähnt, zäh und willensstark, und wenn er auch bisweilen fluchte und schimpfte und die Stange wütend in den Schnee rammte, so gab er doch nicht auf, ließ sich nicht unterkriegen, wurde Herr über alle Unbill und konnte sich freuen an einem geglückten Bogen, wie er sich ärgern konnte über einen unnötigen Sturz.

Dort, wo er vormittags erste große Rast abgehalten hatte, verweilte er auch bei der Abfahrt für ein paar Minuten, wieder waren die Ski zu befestigen und vor allem eine dicke Schneeschicht von seinem Gewand zu klopfen, denn schon fühlte er die durchdringende Nässe auf der bloßen Haut. Länger aber hielt er sich nicht auf. Der Nebel, der den ganzen Tag über den Tallagen gehangen hatte, war im Steigen begriffen, tastete sich an den Bergflanken hinauf, hüllte alles in graue Kälte.

Otto nahm die Alpenstange zwischen die Beine, so daß ein Ende hinten am Boden kratzte, das andere fest in die Hände, er hockte sich mit halbem Gewicht darauf, die andere Hälfte mußte von den Beinen getragen werden, und so rutschte und schlitterte er den Holzziehweg hinab, den er am frühen Morgen heraufgestiegen war. Er tauchte ein in die Kälte des nebelverhangenen Waldes und fuhr auf seinen Ski so schnell es ging. Er sehnte sich nach Wärme, und schon eine Wegstunde vor Schwaiganger roch er die dampfenden Stallungen, den Pferdeapfeldunst und den starken schwarzen Tee, den er daheim nötig haben würde. Jetzt fröstelte ihn trotz der Anstrengung, und so froh er war, oben gewesen zu sein, oben am Hoagart, so sehr freute er sich jetzt auf seinen Platz auf der wohligen Ofenbank, wo es sich besser als anderswo träumen ließe von neuen Abenteuern.

Übungen des Diktators

Adolf Hitler empfängt die Erstbegeher der Eiger-Nordwand

Das ist die Wand: eintausendachthundert Meter an Höhe messend von jenem Punkt, wo schwieriger Fels sich aus Schutt und Geröll erhebt bis dorthin, wo das weiße Gipfeleisfeld sich im Himmel verliert, jenem Himmel, der hier so selten blau zu sein scheint, oder wüßte irgend jemand von der Eiger-Nordwand anders als in feucht-kalten Grautönen zu berichten? Das also ist die Wand, die berühmte, von der sogar alpinistische Laien Details mit Namen hersagen können, in der Lage sind fachzusimpeln über Erstes, Zweites, Drittes Eisfeld, Todesbiwak, Götterquergang, Spinne und wie andere markante Einzelstellen in der berüchtigtsten aller Nordwände sonst noch so heißen.

Nicht die Schwierigkeiten der Kletterstellen seien es, die der Eigerwand den unvergleichlichen Nimbus verliehen haben – so zumindest sehen es Kenner der Route, die als klassische »Heckmair-Führe« die Nordwand durchzieht –, vielmehr die objektiven Gefahren, das böse Wetter, der schlechte Fels, Steinschlag und Lawinen haben diesen Berg so berühmt gemacht, jeden Besteigungsversuch zum Hasardspiel werden lassen und für gar nicht wenige Tragödien gesorgt. Was freilich ein rechter Alpinist ist, der liebt so etwas wie sonst nichts auf der Welt, und gelingt ihm eine Durchsteigung der »Heckmair-Führe«, so hält er sein übermäßiges Begünstigtsein vom Glück für das ideale Zusammenspiel seiner Erfahrung, seines Könnens, seines siebten Sinnes und manch anderer Tugend, die er dann stolz für sich zu verbuchen weiß.

Das also ist die Eiger-Nordwand, eine Wand für Männer und, der Vollständigkeit halber sei es gesagt, für einige Frauen, die allesamt über das schon sprichwörtliche Nordwandgesicht verfügen müssen, jene vor Entschlossenheit blitzenden Augen, jene Verwegenheit signalisierende Mundpartie, jene starken Backenknochen, jenes markante Kinn, jene Eigenheiten, die Andreas Heckmair, Anderl genannt, noch Tage nach erfolgter Erstbegehung beim Empfange durch den Reichsführer Adolf Hitler nicht zu verbergen vermochte. Doch greifen wir hier vor, oder besser: nicht weit genug zurück, noch hat es nicht 24. Juli 1938 zu sein, vier Bergsteiger haben sich in der furchtbaren Wand zu befinden, mit den Schwierigkeiten und dem Wetter zu kämpfen, noch darf nicht entschieden sein, wie dieser Versuch einer Durchsteigung der Eiger-Nordwand ausgeht, und der Führer, Adolf Hitler, muß sich noch üben in Zurückhaltung, noch ist ihm der Zutritt ins Feld alpinistischer Ehre versagt.

Am 21. Juli 1938 waren zwei österreichische Bergsteiger in die Nordwand aufgebrochen: Fritz Kasparek und Heinrich Harrer. Sie hatten den Zerschrundenen Pfeiler überwunden, den Hinterstoisser-Quergang, der zwei Jahre zuvor vier Alpinisten zum Verhängnis geworden war, gemeistert, sie waren über das Erste Eisfeld, mühsam Spuren in den harten Firn hackend und tretend, hinausgeklettert und hatten am Rand des Zweiten Eisfeldes biwakiert. Als sie am nächsten Morgen ihren Weg fortsetzten, das Zweite Eisfeld diagonal nach links hin überwindend, da sahen sie zwei weitere Bergsteiger in der Wand: In geradezu unglaublichem Tempo kamen ihnen Anderl Heckmair und Wiggerl Vörg hinterher, die guten Stufen im Eise nutzend, aber auch im Fels gewandt und geschwind. Bald trafen die beiden Seilschaften zusammen.

Nun hätte aus dieser Begegnung in der Wand leicht eine Konkurrenzsituation erwachsen können. Beide Seilschaften, die österreichische wie die deutsche, waren natürlich eingestiegen mit dem Anspruch, als erste endlich eine Route durch diese wie mit einem Fluch belastete Wand zu eröffnen, die Machbarkeit solchen Ansinnens zu belegen, das in den Jahren zuvor acht Alpinisten aus Deutschland, Österreich und Italien das Leben gekostet hatte. Doch weil der Mensch klein ist in solcher alpiner Dimension, arrangierte man sich, setzte den Anstieg gemeinsam fort und hatte schon bald vergessen, daß man erhofften Ruhm nicht durch vier sondern nur durch zwei hatte teilen wollen. Dort, wo 1935 Max Sedlmayer und Karl Mehringer in nächtlichem Unwetter erfroren waren, an der Stelle, die seitdem als »Todesbiwak« bezeichnet wird, hielten die vier, Heckmair und Vörg, Kasparek und Harrer, pietätlose Mittagsrast. Danach querten sie hinüber zu einer Rampe, die schräg nach links Richtung Nordostwand hinaufführt und die am nächsten Tag den Weiterweg vermitteln sollte. Doch zunächst mußte biwakiert werden. An Stellen, wo die Welt am ungemütlichsten ist. Kein Platz zum Liegen, kaum zum Sitzen, nur Platz zum erschöpfenden Stehen, lange Stunden vom letzten bis zum ersten Licht. Angezogen wurde, was sie dabei hatten.

Windblusen über dicke Pullover, gestrickte Mützen und Hauben tief ins Gesicht und über die Ohren gezogen, die Kapuzen darüber, die Finger in den Walkfäustlingen versteckt, die frierenden Zehen unablässig in den klammen Lederstiefeln bewegt, kein Schlafsack war dabei, kein Biwaksack, mangelhafte Ausrüstung mußte durch hinreichend Härte gegen sich selbst ersetzt werden. So wartete man in fast dreieinhalbtausend Metern Höhe in der Eiger-Nordwand auf den Morgen. Am nächsten Tag, so glaubten alle, würde man den Gipfel erreichen. Was sollte schon noch schiefgehen, wo doch dieser ungestüme und dabei fähige, dieser kraftvolle und ohnegleichen willensstarke Heckmair vorausstieg und für alle anderen den Weg ebnete, selbst da, wo Hindernisse zunächst unüberwindlich schienen.

Am 23. Juli wurde die Rampe, an deren Fuß die vier biwakiert hatten, überwunden und ein luftiger Quergang gefunden, der hinüberführte zur sogenannten Spinne, einem Eisfeld im obersten Teil der Wand, einem steilen Kessel, worin sich Schnee und Eis sammeln, um tagein, tagaus dann als verheerende Lawinen über die Wand zu Tal zu fegen und alles mit sich zu reißen, was irgendwo in die Quere kommt. Glücklose Bergsteiger vor allem.

In der Spinne kam, was kommen mußte. Das Wetter, unsicher und unerfreulich schon den ganzen Tag, wendete sich endgültig zum Schlechten. Ein Gewitter kam auf. Blitze zuckten am plötzlich schwarzblauen Himmel, Donner hallte fürchterlich wider in dieser Wand, die, im ganzen gesehen, einem Hohlspiegel nicht unähnlich ist, es begann zu regnen, zu graupeln, zu schneien. Und zu stürmen. Heckmair und Vörg befanden sich bereits im besonders gefährdeten Eis der Spinne, Kasparek und Harrer stiegen ihnen nach. Sie mußten hinauf zu den sich darüber aufbauenden Felsen, dem letzten Bollwerk, das sie noch trennte vom flacheren, wohl kaum mehr hinderlichen Gipfeleisfeld. Eile also, höchste Eile. Alles, was an Niederschlägen, an Schnee und Hagel vom Gipfeleisfeld und aus den umliegenden Wandfluchten herabrauschte, sammelte sich in der Spinne. Sie konnte zur tödlichen Falle werden.

So schnell es ging, kletterten die Seilschaften. Doch vergeblich. Plötzlich veränderte der Sturm seinen Klang. Aus dem vielstimmigen Brausen wurde ein alles übertönendes Tosen, ein gewalttätiges Dröhnen, das in Sekundenschnelle herankam und jedem der vier Bergsteiger bewußt werden ließ: Nun kann nur noch ein Wunder helfen.

Bleibt es aus, wird diese Lawine alle hinunterspülen zum Wandfuß, eintausenddreihundert Meter, mal durch die Luft, mal haltlos über steilen Firn, immer wieder aufschlagend im nicht allzu steilen Fels, liegenbleibend schließlich im Geröll, wo vor Tagen alles hoffnungsfroh begann.

Mit voller Wucht wurden Heckmair, Vörg, Kasparek und Harrer von den Schneemassen getroffen...

Hier muß dem Chronisten ein kleiner Einschub erlaubt sein. Nicht etwa aus dem unedlen Grund, die Spannung dramaturgisch zu erhöhen, das hieße ja, den Leser unverschuldet auf die Folter zu spannen. Nur soll nicht ganz auf Adolf Hitler vergessen sein, den Führer eines immer größer werdenden großdeutschen Reiches, der in diesem Bericht doch immerhin noch eine Rolle zu spielen haben wird.

In diesen Stunden war der Führer allein. Einsamkeit umfing den Diktator. Seine Schritte hallten in einem hohen kalten Raum. Steinerne Wände, steinerne Böden, aus Stein gehauene Säulen, all dies schluckte nichts vom Lärm seiner Stiefelschritte. Der Raum verstärkte nur den Klang von des Diktators Auf und Ab.

Wußte irgendwer auf dieser Welt, abgesehen von ihm selbst, von der Einsamkeit, der Kälte, die einen Führer wie ihn umgab? Hatte er Freunde? Er hatte Untergebene, Untertanen, dankbare und undankbare Sklaven. Gab es Wahrheiten? Es gab nur das Schweigen und die Lüge. Untertanen schweigen oder lügen. Denn er war der Diktator. Alle schwiegen oder logen. Selbst des Diktators engste Vertraute logen. Log auch der Spiegel? Log selbst dieses Requisit der untrüglichen Wahrhaftigkeit?

Hitler trat heran an den großen Spiegel. Er zog sich die Uniformjakke zurecht. Keine Orden, keine Abzeichen, nichts als die rot-weiß-schwarze Hakenkreuzbinde am Ärmel und eine kleine goldene Nadel mit dem Reichsadler unter dem winzigen Krawattenknoten. Weit fielen die Breeches an den Oberschenkeln, jene Reithosen britischen Ursprungs, die oben, sackartig, viel Bewegungsfreiheit erlauben, unten, eng, bestens in die fast kniehohen schwarzen Lederstiefel paßten, die Hitler trug. Es glänzte das schwarze Leder wie der goldene Reichsadler. Glanz umgab den ganzen Mann. Bei leicht gespreizten Beinen streckte er den Rücken, richtete die Schultern gerade, verschränkte die Hände in Höhe der Gürtelschließe, nur Weniges über dem Schritt.

Er legte das Kinn an den Kehlkopf und setzte die gestrenge Miene des allmächtigen Diktators auf und konnte nichts an sich entdecken, was Mißfallen in ihm hervorgerufen hätte.

Näher trat er an den Spiegel. Den guten, lieben Spiegel, der doch nicht log. Ganz nah rückte er mit seinem Gesicht heran an den zweidimensionalen Zwillingsbruder. Mit beiden Händen strich er sich über die glatte Haut, berührte sein kleines Bärtchen, das den großen Abstand zwischen Nase und Oberlippe füllte, rückte sich eine leichtlebige Haarsträhne zurecht, die sich der peniblen Ordnung des Diktators nicht und nicht beugen wollte. Er sah sich selbst in die Augen und ein leises Lächeln zeichnete zarte Fältchen in sein Gesicht: Was waren das doch für Augen, was lag darin für eine Kraft, nur schauen mußte er mit diesen Augen, und er konnte Stahl zum Schmelzen bringen und Gebäude zum Einstürzen und Welten zum Sterben, Himmel zum Weinen und Höllen zum Lachen. Alles konnte er mit diesen Augen. Es war dies ein einzigartiges, ein ganz und gar großes Gefühl.

Hitler trat zwei Schritte zurück. Er riß den rechten Arm hoch vor sich in die Luft, spreizte die Finger, zeigte Zähne, fixierte seine Spiegelbildaugen, formte die Linke vor der Brust zu einer Schale, hielt vor sich selbst eine wortlose Rede. Er ballte die Fäuste neben seinem Gesicht und brachte sie und den Kopf und den Körper zum Beben. Gab es nicht Anlässe zum Zorn so viele wie Juden im Reich?

Er stellte ein Bein vor, legte den Oberkörper zurück, streckte die Arme gesenkt vor den Körper, zeigte die geöffneten Handflächen, geradeso als wollte er sagen: »Habe nicht ich gewarnt. Das, das ist das Ergebnis.« Ohne auch nur eine Silbe über die Lippen gleiten zu lassen, redete er sich in Rage, in tausend Gesten lockte und strafte, bat und dankte, gab und forderte, ließ und packte, verschloß und öffnete, verlangte und verbot, pries und schmähte, lobte und verdammte er, und er war sich durchaus bewußt, daß ein Politiker seiner Größe, daß er als Diktator im großdeutschen Reich zu mehr noch als zum bisher Erreichten ausersehen war.

Mythos Berg: Der Eiger in den Berner Alpen. Im Blickpunkt des Bildes steht der Mittellegigrat, der sich von Nordosten elegant zum fast 4000 Meter hohen Gipfel zieht. Im Mittelpunkt des öffentlichen Interesses aber steht von jeher die Nordwand (rechts), Schauplatz großer alpinistischer Taten und Schauplatz großer Tragödien.

Der Diktator entspannte sich. Selbstzufrieden lächelte er. Dann tat er wieder ein paar Schritte durch den hohen Raum, der jetzt nicht mehr kalt war. Die Glut seiner Augen, das Feuer seiner Leidenschaft hatten die Umgebung erwärmt. Hitler dachte an die Männer in der Eiger-Nordwand. Deutsche und österreichische Bergsteiger, seit drei beziehungsweise zwei Tagen unterwegs in Fels und Eis. Oh, wie wäre es gut, wenn gerade ihnen das unmöglich Scheinende gelingen würde. Helden für das gierige Volk. Lederzähe, windhundgeschwinde, kruppstahlharte Helden der Berge. Leicht zog er die Brauen zusammen, so daß über der Nase zwei tiefe Falten sich bildeten, die bis zur Stirnmitte hinaufreichten. Mit stechenden Augen starrte er ins Leere. Er konzentrierte sich auf einen Berg, den er nicht kannte, und auf vier Bergsteiger, die er so wenig kannte wie den Berg. Alles war möglich mit diesem Blick.

Die Lawine tauchte die vier Bergsteiger am Eiger in ein grau-weißes Inferno. Wer einen festen Standplatz hatte, selbstgesichert war an Eishaken, der hoffte, er würde den Gefährten, der nie und nimmer der Gewalt der Schneemassen würde widerstehen können, zu halten in der Lage sein. Jene Gefährten aber, die sich auf Steigeisenzacken im Aufwärtssteigen befanden, rammten die Eisbeile ein so weit es ging, klammerten sich daran, duckten sich flach hin, zogen die Rucksäcke schützend über Nacken und Köpfe und warteten ansonsten hilflos auf das, was da kommen würde: ein Wunder oder, was wahrscheinlicher war, das Verderben.

Der ersten Lawine folgte unverzüglich eine zweite – jetzt mußte die Spinne menschenleer gefegt sein, längst mußten die zerschmetterten Körper, sollten sie sich nicht irgendwo an Felszacken, in Kaminen, Verschneidungen oder Rinnen verfangen haben, entstellt am Wandfuß liegen.

Doch es kam anders. Als die zweite Lawine aus der Spinne hinausgedonnert war und sich breit über die Eiger-Nordwand ergossen hatte, da bemerkten alle vier Bergsteiger geradezu verständnislos, daß sie

Ein ungleiches Paar erstieg am 29. Mai 1953 den Mount Everest im Himalaya: Sherpa Tenzing und der Neuseeländer Edmund Hillary. Sie waren die ersten Menschen auf dem mit 8848 Metern höchsten Berg der Erde. Der »dritte Pol« war erreicht.

noch lebten. Alle vier hatten diese schrecklichen Momente fast unbeschadet überstanden. Lediglich Kasparek war an einer Hand verletzt. Letzte Kräfte hatten sie aufgeboten, um sich nicht aus der Wand reißen zu lassen, verbissen hatten sie gekämpft, um standzuhalten, und dennoch konnte nun keiner so recht fassen, daß die Spinne, zu der noch kein Alpinist seit Menschengedenken vorgedrungen war, ihre schon sicher geglaubten Opfer wieder frei gelassen hatte.

So schnell man konnte, kroch man hinaus aus dem Spinnenbauch, eilte weiter zu der vermeintlichen Sicherheit der darüberbefindlichen Wandpartie, und man hätte noch reelle Chancen gehabt, am selben Tag den Gipfel zu erreichen, wäre das Wetter nicht endgültig zusammengebrochen. Regen verwandelte die Wand in eine Folge von Wildbächen und Wasserfällen, und den vier Bergsteigern blieb nichts, als unterhalb der Ausstiegsrisse ein weiteres Mal zu biwakieren.

Die Nacht brachte Schnee, und der legte sich auf Griffe und Tritte, schmiegte sich an geneigte Felsplatten, füllte Risse und veränderte alles zu einem unüberschaubaren Einerlei. Würde es möglich sein, aus der Wand hinauszufinden? Jeder machte sich Sorgen. Nur Heckmair nicht. Die Steigeisen an den Schuhen und in unbequem zusammengekauerter Stellung vermochte er zu schlafen in dieser Nacht am Eiger.

Am nächsten Tag, am 24. Juli 1938, kämpften sich die vier Bergsteiger, voran immer Heckmair, durch schwierigstes und heikelstes Gelände hinauf zum Gipfeleisfeld. Jeder mußte das Letzte geben. Wieder und wieder waren von oben Lawinen herabgefegt, Heckmair war mehrmals abgerutscht, hatte dabei Vörg mit einem Steigeisenzacken am Handballen verletzt. Gegen Mittag aber war das flachere Gipfeleisfeld erreicht. Doch es sollte noch weitere dreieinhalb Stunden dauern, bis sie den Gipfel über das lawinenträchtige Firnschild betreten konnten. Um 15 Uhr 30 standen alle vier, zwei mit verbundener Hand, auf dem höchsten Punkt des Eiger, 3974 Meter hoch, im Nebel und im Sturm. Die Eiger-Nordwand lag hinter, lag unter ihnen.

Bald darauf wurden vier Alpinisten, zwei Österreicher und zwei Deutsche, im Hotel Monopol in Breslau vom Führer Adolf Hitler empfangen. Alle vier, Heckmair und Harrer, Kasparek und Vörg, trugen, weil die Füße Frostschäden erlitten hatten, dicke Filzpantoffeln. Vörgs linker Unterarm war geschient, Kaspareks rechte Hand dick verbunden.

Stumm reichte der Diktator jedem die Hand, Kasparek klopfte er auf die Schulter. »Sie haben es geschafft«, dachte er. Jeden musterte er eindringlich.

Heinrich Harrer erzählte von der Tragödie 1936, als Hinterstoisser und Kurz, Angerer und Rainer, zwei Deutsche und zwei Ostmärker wie sie selbst, in der Eiger-Nordwand ums Leben gekommen waren.

Der Führer schaute mit seinen allmächtigen Augen durch alle hindurch in unendliche Fernen. »Das ist symbolisch«, bellte er heraus, und alle nickten zustimmend, die Bergsteiger und die Militärs, die den Empfang der erfolgreichen Alpinisten säumten.

Von draußen, vom Platz vor dem Hotel, drangen die Rufe einer begeisterten Menge herein. Sie galten dem großen Diktator, sie galten auch den vier großen Bergsteigern. Jedem von ihnen überreichte Hitler sein Bild, eine Schwarzweißfotografie in silbernem Rahmen, jedes versehen mit einer persönlichen Widmung. Er überreichte dieses Geschenk an Harrer, er überreichte es an Kasparek, überreichte es an Vörg. Als er das Bild Heckmair überreichte, mußte er ein Mißbefinden überspielen. Was hatte dieser Heckmair doch für ein Gesicht! Die kantige Form, die geradezu aggressiv gebogene Nase, die markanten Züge, das Spiel der Lippen, das Wildheit, Unbeherrschtheit, fast Brutalität glauben machte, vor allem aber, vor allem diese Augen, diese schräg geschnittenen Augen, die fest und unerschrocken blickten, Augen voller Kraft, unbeugsam und, wenn schon nicht allmächtig, so doch immerhin aufregend wie kein anderes Paar, das ihm rechts und links seines Spiegels je untergekommen war.

Insgeheim erschrak der Führer. Diese Augen vermochten freilich Schnee zu schmelzen auf versteckten Griffen, Lawinen in andere Bahnen zu lenken, Steine zu zersplittern, bevor sie mit Wucht Bergsteiger treffen konnten, diese Augen vermochten Welten zu bewegen, auch wenn sich ihr Besitzer mit bergsteigerischen Welten zufriedengab.

Der Diktator war erschüttert. Zwischen all den uniformierten Begleitern seiner Tage, diesen kahlköpfigen Gefolgsmännern, denen die Orden an den Brusttaschen glitzerten, zwischen all denen, die in höchsten Ämtern standen, war ihm nie auch nur einer aufgefallen, der über so furchterregend machtvolle Augen verfügt hätte.

»Man muß vorsichtig sein mit Helden«, dachte er sich.

»Vorsichtig, verdammt vorsichtig.«

Er überreichte auch Heckmair das handsignierte Foto, jedoch gelang ihm nur ein gequältes Lächeln bei Glückwunsch und nochmaligem Händedruck, dann verabschiedete er die Helden vom Eiger und überließ sie der Begeisterung der Menge draußen in den Straßen.

Alle schickte er sie fort. Die Bergsteiger, den Reichsorganisationsleiter, all die anderen. Einsam fühlte er sich nach diesem Heldenempfang. Er schloß sich ein in sein Zimmer im Hotel Monopol. Auch dort hing ein Spiegel. Nahe trat er vor ihn hin. Zum erstenmal leuchteten seine Augen nicht so wie sonst. Stumpf blickten sie ihn aus dem Spiegel an. Hitler erschrak. Er trat zurück. Ballte die Fäuste, ließ den Körper beben, gestikulierte, forderte und wies ab, schmähte und pries, kämpfte und bat, sich steigernd von Minute zu Minute, sich hineinsteigernd in einen egozentrischen Rausch der Macht, er hob die Hände zum Himmel, ließ sein Gesicht und seine Augen grimmig schauen, er hob sich heraus aus der kleinen inneren Krise, vergaß Heckmair, vergaß die Bergsteiger und den Eiger, vergaß, was war.

Der Diktator fand zurück zu sich selbst, wurde, ohne daß auch nur einer seine Pein bemerkt hatte, wieder der, den die Menschen im großen Reich viel aufrichtiger und vorbehaltloser verehrten und liebten, als der Diktator selbst es bisweilen zu glauben vermochte.

Das kleine Leben meiner Großmutter

Mondlandung, Mount-Everest-Besteigung, Holocaust – nichts ist wahr, nichts geschah in Wirklichkeit

Im Jahr der ersten Mondlandung, 1969, da war die Großmutter neunundsiebzig und hatte im Unterkiefer noch drei und im Oberkiefer nur mehr einen einzelnen Schneidezahn. Zahnersatz war ihr suspekt, kam allen Empfehlungen zum Trotz nicht in Frage, und so kaute sie zäh das nicht selten zähe Fleisch, das sie im Altenheim vorgesetzt bekam. Durchwachsenes Suppenfleisch, zu trockene Rindsrouladen, man weiß ja, daß aus Großküchen selten Qualität nach Hausfrauenart kommen kann. Sie kaute also mit dem spärlichen Rest eines einstmals guten Gebisses, mit ihren vier Zähnen, drei unten, einem oben, so lange auf allem herum, bis es verzehrbar war.

Wenn sie lachte, was sie nicht häufig tat, konnte man nur den oberen, einsamen Schneidezahn sehen, und mein Vater, ihr Sohn, meinte oft, es müsse sich bei diesem Überbleibsel um einen Giftzahn handeln, denn daß die Großmutter Gift versprühte, im übertragenen Sinn ist das zu verstehen, daß sie die personifizierte Bosheit sein konnte, war weithin bekannt.

Als am 21. Juli 1969 um 3 Uhr 56 Minuten 20 Sekunden mitteleuropäischer Zeit der amerikanische Astronaut Neil Armstrong von der letzten Sprosse der Landefähre »Eagle« hüpfte und einen ersten halbwegs menschlichen Fußabdruck in den Sand im sogenannten Meer der Ruhe drückte, als sodann die Bilder von diesem Ereignis via Fernsehen und Zeitungen in sämtliche Haushalte, ja bis in die Altenheime drangen, da schüttelte die Großmutter nur den Kopf. Nichts davon sei wahr, sagte sie. Das könne sie nicht glauben. Der Mond sei fern, kein Mensch könnte je dorthin. Alles sei in einem Fernsehstudio aufgenommen, behauptete sie felsenfest und war durch nichts von ihrer Überzeugung abzubringen. »Die halten uns wohl für dumm«, hat sie wörtlich gesagt, wenige Tage nach dem historischen Datum der Mondlandung. »Ich falle da nicht drauf rein.«

Hätte mich nicht mein Vater eines besseren belehrt, ich hätte Großmutters Irrglauben ohne zu zögern auf fortschreitende Verkalkung zurückgeführt, schließlich nichts Seltenes bei Menschen in ihrem Alter.

Vater aber erklärte, daß es mit ihr ein Leben lang so gewesen sei. Sie habe nur dieses eine, eigene, kleine Leben geführt, ohne in der Kindheit so etwas wie eine gewisse Bildung geboten zu bekommen, ohne später auch nur im geringsten danach zu streben. Nie habe sie sich darum geschert, was früher gewesen sei, in dem langen Jahrhundert, zu dessen Ende sie das Licht der Welt erblickte, und in den Jahrhunderten und Jahrtausenden davor. Ihr Leben war damit ausgefüllt, den Großvater zu heiraten, der allzu früh dann verstarb, Kinder zu gebären, Haus und Heim zu führen und jede freie Minute entweder in christlicher Andacht oder unchristlicher Tratscherei zu verbringen.

An nichts habe sie geglaubt, außer an die Worte der Pfarrer, an die Wundertätigkeit des Rosenkranzbetens, die Jungfräulichkeit der Gottesmutter Maria und daran, daß bei einer Mystikerin im Bayerischen Wald, der von Zeit zu Zeit Christusmale an Händen und Füßen zu bluten anfingen, der Herr selbst die heilige Hand im Spiel habe. Nichts sei ihr diesbezüglich je zu blöd gewesen. Nur die Realitäten habe sie nie akzeptiert, wenn sie ihrem Weltbild, dem Weltbild ihres kleinen Lebens, nicht entsprachen.

»Du warst noch ein kleiner Bub, als 1953 der Mount Everest zum erstenmal bestiegen worden ist«, erzählte mein Vater. »Auch damals waren die Zeitungen voll davon. War es doch auch eine unglaubliche Leistung dieser britischen Expedition, vorzustoßen bis zum höchsten Punkt, achttausendachthundert und noch ein paar Meter.«

»Du meinst Hillary und Tenzing, den Sherpa?«

»Tenzing und Hillary, meine ich. Nicht nur die Großmutter baut sich ihre Wahrheiten zurecht. Alle Welt tut das.«

»Wie meinst du das? Warum Tenzing zuerst?«

»Da liegt der Hund begraben. Hillary als der britische Herr, Tenzing als der asiatische Diener, ist ja keine neue Geschichte. Warte einen Moment.« Vater holte ein schlankes Buch aus dem Regal. Ich kannte es, hatte es aber nie gelesen. Es stammte von John Hunt, dem Expeditionsleiter der damals erfolgreichen Everest-Expedition.

»Weißt du, was Hillary selbst darin geschrieben hat?« Er blätterte, suchte, fand.

»Wir hatten gehofft, wir würden an jenem Tag hoch oben auf dem Südostgrat ein Lager errichten können«, las er vor, »doch augenscheinlich machte das Toben des Windes einen Start unmöglich. Immerhin aber mußten wir marschbereit sein für den Fall, daß der

Sturm sich legen sollte. Ich stieß – paß auf jetzt – ich stieß den geduldigen Tenzing mit dem Ellbogen an, murmelte etwas von Essen und Trinken und schlüpfte dann herzlos wieder in meinen Schlafsack. Bald rief uns das Summen des Primus und die allgemeine Erwärmung der Atmosphäre wieder ins Leben zurück, und während wir Keks kauten und heißes Wasser mit Zitronenpulver und Unmengen von Zucker tranken – jetzt kommt's noch besser – besprachen Lowe, Gregory und ich ziemlich pessimistisch unsere Pläne für den Tag.«

»Ein starkes Stück«, sagte ich.

»Dabei mußt du noch bedenken, daß die Briten Himalaya-Greenhorns waren. Neulinge im Land der gewaltigen Bergriesen«, sagte mein Vater, klappte das Buch zu und reichte es mir unaufgefordert. »Der herausragende Alpinist, zumindest was das Höhenbergsteigen anbelangt, war kein anderer als eben jener Sherpa Tenzing. Im Jahr zuvor hatte er schon mit einer Schweizer Expedition eine Höhe von fast 8600 Metern erreicht. Er war also der einzige mit wirklicher Praxis, was das Bergsteigen an Achttausendern betrifft.«

»Und den degradieren die zum Mädchen für alles und klammern ihn aus bei der Planung ihres Tages. Es ist nicht zu fassen.«

»Du kannst dir denken, wen ich von den beiden, die zum Gipfel kamen, Tenzing und Hillary, wen ich für den Besseren und Wichtigeren bei dieser Expedition halte. Aber damit stehe ich wohl ziemlich allein. Die Welt hat sich die Sache anders zurechtgelegt. Da ist der willensstarke Neuseeländer Edmund Hillary, trainiert, intelligent, überlegen – wer anders als er konnte der Kopf des Gipfelunternehmens, die treibende Kraft sein? Und da ist der brave Tenzing, ungebildet hat er zu sein als Bewohner der Himalayatäler, ungebildet und naiv, dabei treu und von der Natur ausgestattet mit einer angeborenen Ausdauer, die übermenschlich erscheinen muß. Bestimmt sehen es die Asiaten anders, in diesem Fall richtiger, aber du merkst, daß sich ein jeder sein Weltbild geraderückt nach Gusto.« Er machte eine kleine Pause, ich blätterte durch das Buch und schaute auf die Schwarzweißbilder von mäßiger Qualität.

»Doch um auf die Oma zurückzukommen: Als der Everest bestiegen worden ist, es war am 29. Mai 1953, ich erinnere mich deshalb so genau, weil es wenige Tage nach meinem Geburtstag war, als der höchste Berg also geschafft war, waren bald darauf die Zeitungen voll mit dieser sensationellen Meldung. Sie aber hat auch damals kein

Wort geglaubt. Damals aber hat sie sich wenigstens noch die Mühe gemacht, Begründungen für ihr seltsames Verhalten vorzugeben. Die Politiker hätten das arrangiert, um abzulenken von den Mißständen, davon, daß es der ganzen Welt besser ginge als den Deutschen. Alles ist erfunden, sagte sie damals, und daß es so hohe Berge gar nicht gibt. Ich weiß noch, wie sie sich bitter darüber amüsiert hat, daß Menschen mit Sauerstoffmasken auf Berge steigen. Lächerlich, hat sie gesagt, einfach lächerlich.«

»Wie kann man so leben?«

»Ach, weißt du, man kann. Was sie glauben wollte, glaubte sie, was sie nicht wollte, akzeptierte sie ganz einfach nicht, was sie sich wünschte, betete sie in Erfüllung. Als Krieg war und Werner und ich in Frankreich, da glaubte sie uns in ihrer Bigotterie unverwundbar. Und wir kamen mehr oder weniger ungeschoren davon. Paul aber starb. Daheim. Die schlechte Ernährung, arbeiten, hungern, dann keine Medikamente.«

Ein wenig gedankenverloren stand Vater auf, ging zum Fernseher und schaltete ihn an. Wie ein federleichter Roboter hüpfte ein Astronaut auf der Oberfläche des Mondes. Schwarzweiß kamen die Aufnahmen über den Bildschirm. Noch immer stand der Mondflug im Blickpunkt des öffentlichen Interesses. Vater setzte sich wieder hin.

»So ist sie, so war sie immer, da kann man nichts ändern«, sagte er, und da tat er mir leid.

»Als nach dem Krieg die Besatzer die Greueltaten des Naziregimes offenlegten«, fuhr er fort und schien beim Reden durch den Bildschirm hindurchzuschauen, »als entsetzliche Fotos veröffentlicht wurden, Berge von ermordeten Menschen, Berge von Kleidungsstükken, von Schuhen, von Brillen, als die Gaskammern gezeigt wurden und nach einiger Zeit die Rede davon war, daß fünf Millionen Juden systematisch umgebracht worden sind, da glaubte sie es nicht. Nichts davon ließ sie an sich herankommen. Sie glaubte, nichts damit zu tun zu haben. Sie glaubte, das geht sie nichts an. Alle glaubten das. Nichts davon ließ sie hinein in ihr Schneckenhaus.«

So erfuhr ich mehr von Großmutter, dieser sonderbaren, mir immer fernen Frau. Sie überlebte die erste Mondlandung noch um einige Jahre. Im Unterkiefer fielen ihr weitere zwei Zähne aus. Als sie starb, einfach nicht mehr erwachte aus einem Mittagsschlaf, da hatte sie nur mehr den einen unten und den Giftzahn oben.

Das Gesicht eines alten Mannes

Vom tollkühnen Alleingang Hermann Buhls am 8125 Meter hohen Nanga Parbat

Heinbach habe ich unterschätzt. Er ist ein großgewachsener, hagerer Schüler der 11 b am hiesigen Gymnasium, er wirkt in meinen Unterrichtsstunden unaufmerksam und gelangweilt, er fehlt häufig, und darum ist es verwunderlich, daß er bei Prüfungen immerhin durchschnittliche Resultate zu erzielen vermag. Mir ist nicht erinnerlich, daß er sich in meinen Fächern, in Deutsch und Erdkunde, je zu Wort gemeldet hätte. Rief ich ihn auf, um sein Wissen mündlich zu prüfen oder auch nur im Versuch, ihn einzubinden in das offensichtlich an ihm vorbeilaufende Unterrichtsgeschehen, so setzte er stets eine säuerliche Miene auf, schien angewidert darüber, daß man ihn aus seiner Einigelung herausholte, antwortete, wenn er Antworten parat hatte, mürrisch, öffnete dabei kaum den Mund, sondern preßte die wenigen Sätze gleichsam zwischen den geschlossenen Zahnreihen hindurch. Kein Schüler, der einem Lehrer Freude macht. Gibt er einem doch immer und immer wieder das Gefühl, daß alle Bemühungen, die Stunden interessant und vielseitig zu gestalten, zumindest in seinem Fall vergeblich sind. Ich mochte Heinbach nicht. Und mag ihn eigentlich bis heute nicht. Doch muß ich zugeben, diesen schlaksigen, lustlosen, unangenehmen Schüler der 11 b unterschätzt zu haben.

Sport war in diesen Tagen in aller Munde. In Italien traten Fußballmannschaften aus allen Kontinenten gegeneinander an, in Wimbledon wurde zur gleichen Zeit das legendäre Tennisturnier ausgetragen. Was lag näher, als sich in einer Deutschstunde mit einem sportlichen Thema zu befassen, sich auseinanderzusetzen vielleicht mit dem Arbeitstitel »Lohn für sportliche Leistungen« und, wenn möglich, an einem Beispiel deutlich zu machen, daß die Höhepunkte von Sportlichkeit dann erreicht werden, wenn hinter erbrachten Leistungen nicht die Motivation des großen Geldes steht.

Mit Episkop und Diaprojektor betrat ich das Klassenzimmer. Nachdem sich jene zwischen den Lehrerwechseln naturgemäß aufkeimende Unruhe gelegt hatte, teilte ich der aus siebzehn Jungen und acht Mädchen bestehenden Klasse den Schwerpunkt der nun beginnenden Stunde mit: »Sport bewegt uns alle. Augenblicklich mehr noch als sonst. Ich möchte, daß wir uns heute einmal mit diesem Thema beschäftigen. Vielleicht gelingt es mir so, in diesen sportgeprägten Tagen wenigstens ein Minimum an Aufmerksamkeit auf den Schulunterricht zu lenken.«

Einige Wohlwollende lächelten über diese Bemerkung. Die meisten schienen sie gar nicht gehört zu haben, schienen schon nach den ersten Minuten meiner Anwesenheit durch mich, durch die Tafel, die Wand, durch alles hindurchzuschauen. Heinbach fläzte den Kopf auf die Hände gestützt in seiner Bank und sah mich, ohne eine Miene zu verziehen, unverwandt an.

»Aber«, fuhr ich fort, »Sport soll heute einmal anders betrachtet werden. Keine Höchstleistungen vor Publikum im Stadion und millionenfach an den Fernsehgeräten. Hochleistungssport schon, aber im stillen, in der Einsamkeit.« Ich schaltete das Episkop an, legte ein Buch mit der Schrift nach unten auf die beleuchtete Glasscheibe und justierte das Objektiv, so daß an weißer Wand über grautrüber Schiebetafel das Porträtfoto eines Mannes aufschien. Schwarzweiß. Einen knappen Meter hoch, einen halben Meter breit.

»Schaut euch diesen Mann an. In Ruhe. Macht euch mal Gedanken, was und wer er sein könnte.«

Ich trat zur Seite, begab mich an die fensterdurchbrochene Längsseite des Klassenzimmers, nahm Notiz davon, daß das abgebildete Gesicht zumindest für den Augenblick die Aufmerksamkeit meiner Schüler auf sich zu ziehen vermochte, kehrte ihnen dann den Rücken zu und schaute hinaus auf den Hof, wo einige Freistündler Imbisse verzehrten oder rasch noch Hausaufgaben machten, für die daheim, an prallvollen Fußball-Live-Übertragungsnachmittagen – fast möchte man Verständnis aufbringen –, keine Zeit gewesen war. Ich schaute über die Dächer der ans Schulgelände grenzenden Siedlung. Ein Meer von Einfamilienhäusern, zwanzig, dreißig Jahre alt die meisten, Grün ragt hoch zwischen Dachziegelrot und Fassadenweiß und zeigt zum Horizont, an dem föhnnah die Alpenkette steht. Jetzt Klettern irgendwo, an sonnenbeschienenem Fels oder gemütlich Wandern auf aussichtsreichem Höhenzug. Draußen sein an der Luft, ausschreiten, sich ausarbeiten, was gäbe ich dafür. Wenn der Föhn zusammenbricht, kommt Regen. Am Wochenende wird das Wetter schlecht sein, wie so oft.

Gemurmel hinter meinem Rücken weckte mich aus Tagträumerei.

Ich drehte mich um. »Ein Bergsteiger«, rief einer unaufgefordert und ohne Nachdruck, setzte nicht Fragezeichen, nicht Ausrufezeichen hinter den letzten Buchstaben. »Forschungsreisender?« fragte die aschblonde Weidner, eine geltungsbedürftige graue Maus, ein Mädchen ohne weibliche Ausstrahlung, ein lerneifriges Neutrum (doch wie leicht täuscht man sich; schon manchesmal traf ich die grauen Mäuse früherer Jahre und stellte erstaunt fest, daß gerade sie sich zu faszinierenden Frauen entwickelt hatten, gewandt und weltoffen, während jene früh Erblühten, die schon mit fünfzehn Schönheiten waren, oftmals mit fünfundzwanzig abzubauen, schleichend zu verfallen begannen).

»Forschungsreisender«, fragte also die Weidner, und einen Moment lang überlegte ich, ob nicht mangelnde Allgemeinbildung vorzuwerfen sei: Müßte man ihn nicht auch heute noch ohne weiteres erkennen, den Hermann Buhl, den legendären Bergsteiger, der siebenunddreißig Jahre zuvor in einem unglaublichen Alleingang den Nanga Parbat bezwungen hatte, jenen 8125 Meter hohen Eisriesen, den »Schicksalsberg der Deutschen« in den dreißiger Jahren? Müßte man nicht wissen, daß erst 1950 der erste Achttausender bestiegen werden konnte, daß die ersten Menschen am Gipfel des Mount Everest der Sherpa Tenzing und der Neuseeländer Edmund Hillary gewesen sind, daß Buhl zum Nanga Parbat ging und Messner als erster auf allen vierzehn Achttausendern stand? Sollten nicht auch alpinistische Sternstunden Bestandteil guter Allgemeinbildung sein? Gleich verwarf ich meine vorwurfsvollen Gedanken. Zum einen wollte ich nicht mit der berühmten Tür ins Haus fallen, zum anderen wäre es pädagogisch nicht von Vorteil gewesen, die leise anklingende Bereitschaft zur Mitarbeit durch vorschnelle Kritik gleich wieder in Frage zu stellen, die Schüler zu demotivieren und mich damit zum Alleinunterhalter machen.

»Bergsteiger ist richtig. Nun schauen wir uns einmal sein Gesicht an. Ich finde, es drückt so einiges aus. Vielleicht erzählt es uns sogar eine kleine Geschichte. Denkt doch mal nach.«

»'ne komische Brille. Hut wie Luis Trenker. Der Großvater von Messner, haha. Dem hat man wohl Salzsäure ins Gesicht geschüttet. Sieht fertig aus. Himalaya. Kaputter Typ. Irgendwie das Gesicht eines alten Mannes.«

Ein paar der ernsten oder flapsigen Schülermeinungen zum Bild von Hermann Buhl, jener berühmt gewordenen Fotografie, die 1953 um die Welt ging und in der Tat das Gesicht eines alten Mannes zeigt: Buhl nach der Erstbesteigung des Nanga Parbat, das Gesicht hager, die Wangen eingefallen, der Bart völlig zerzaust, die Haut schält sich in Fetzen von der Nase und den Wangen, die Augen sind zu dünnen Schlitzen zusammengezogen, müde, müde, die Stirn ist in tiefe Falten gelegt, in Höhe des Haaransatzes die Gletscherbrille, darüber die breite Krempe des Hutes. »Dieses Foto«, sagte ich zur Klasse, »zeigt einen achtundzwanzigjährigen Mann. Es ist der Innsbrucker Hermann Buhl, der im Jahr 1953 als erster und im Alleingang den Nanga Parbat bestiegen hat. Einen von vierzehn Achttausendern. Auf dem Bild da sieht er aus wie achtundfünfzig oder achtundsechzig. Also das mit dem Gesicht eines alten Mannes, da ist schon was dran. Die Strapazen, die er bei dieser Bergtour auf sich genommen hat, lassen ihn bei Rückkehr zu den Hochlagern um Jahrzehnte gealtert erscheinen.«

Ich rückte im Mittelteil des Klassenzimmers einen Tisch zurecht, stellte einen Stuhl darauf und auf diesen, die Höhe schien nun die richtige zu sein, den Diaprojektor. Währenddessen erläuterte ich den Schülern meine Absichten. »Es geht mir weiß Gott nicht darum, mit diesem Bergsteigerporträt dem Personenkult zu frönen. Da läge ja auch Steffi Graf zum Beispiel wesentlich näher, zeitlich wie in ihrer Popularität, ihrer Wirkung auf uns, oder Fußballspieler wie Matthäus. Hättet ihr dem zugetraut, ausgerechnet bei der WM in die Spielmacherrolle hineinzuwachsen? Oder, besser noch, jener sizilianische Scillacchi, der vom Zweitligaspieler zum gefeierten Volkshelden avancierte?« (Kommt bei Schülern immer gut an, wenn man auch im aktuellen Geschehen im wahrsten Sinn des Wortes am Ball ist.) »Es geht mir eigentlich um einen Vergleich. Hier die Superprofis von heute, Fußballer, Tennisspieler, Schwergewichtsboxer, Autorennfahrer, ja, selbst die Elite der Leichtathleten langt mittlerweile ganz kräftig in irgendwelche Kassen. Unterstellen wir also mal, daß in diesen Fällen die wirtschaftliche Seite, der finanzielle Gewinn, durchaus zur Motivation sportlicher Höchstleistungen geworden ist.«

»Klar«, ruft einer dazwischen, »wenn da einer gut ist, braucht er mit dreißig nichts mehr zu arbeiten.«

»Nun, das hieße wohl, die Sache zu sehr zu vereinfachen. Was ich aber beweisen möchte, ist, daß in Sportarten, wo nicht das große Geld dahintersteckt, dieselben Leistungen erbracht werden wie von den großen Stars. Daß unsere Fünftkläßler bei Klassenspielen leidenschaftlicher und engagierter zu Werke gehen als so manches Mal die hochbezahlten Kicker des FC Bayern. Daß im Himalaya oder in gewaltigen Alpenwänden, weit entfernt von breiter Publikumsaufmerksamkeit, geradezu Sensationelles vollbracht wird. Dazu soll dieser Hermann Buhl und seine Nanga-Parbat-Geschichte als Beispiel dienen.«

Zum Erzählen dieser Geschichte standen mir ein paar Dias zur Verfügung, vorzüglich in ihrer Qualität, die mir ein befreundeter Fotograf dankenswerterweise dupliziert und zur Verfügung gestellt hatte. Auf unzähligen Reisen in die verschiedensten Regionen des Himalaya hatte er mehr als dreißigtausend Kleinbilddias aufgenommen, um eines Tages ein prallvolles Himalaya-Buch daraus zu machen. Eine Handvoll Dias mochte wohl mehr sagen als viele Worte, oder, besser, die unvermeidlichen Worte optisch eindrucksvoll unterstützen.

Ein Mädchen aus den vorderen Bänken schaltete das Episkop ab, die Zimmerbeleuchtung aus, Vorhänge wurden zugezogen. Ein erstes farbiges Bild tauchte auf an der hellen Wand über der heruntergeschobenen Tafel, unscharf zuerst, doch mit surrender Automatik in Sekundenschnelle reguliert, auf daß selbst feinste Feinheiten zu erkennen waren. Der Nanga Parbat von Nordosten, Koloß aus Eis und Fels, Monument der Naturgewalt, Berg der Lawinen, Berg der sehnsuchtsvollen Träume. Ich erzählte, was unabdingbar war, stichpunktartig von den überwiegend tragischen Begebenheiten, die der Erstbesteigung vorausgegangen waren, sprach von Mummerys kühnem Versuch in der Diamirflanke, von seiner wagemutig erreichten Höhe von sechstausend Metern und betonte vor allem das Jahr seines Vorstoßes, den er mit einem ungeklärten, doch nicht unerklärlichen Tod bezahlen mußte: 1895. Ausrufezeichen. Ausrufezeichen. Ausrufezeichen. Laßt diese Zahl nicht einfach bei einem Ohr hinein, beim anderen heraus. Haltet sie fest in den Köpfen, dreht und wendet sie, bringt sie in Verbindung mit anderen Ereignissen, bemerkt, daß dies ein Jahr vor der ersten neuzeitlichen Olympiade geschah, bemerkt dies und staunt: Mummery wollte auf den Nanga Parbat.

Über die dreißiger Jahre ließ ich mich aus, über drei deutsche Himalaya-Expeditionen, von denen zwei in Tragödien endeten, über namhafte und unbekannte Tote, über verschüttete und erfrorene Alpinisten und verschüttete und erfrorene Sherpas, über Umstände also, die dem Nanga Parbat den zeitbezogen naheliegenden Untertitel »Schicksalsberg der Deutschen« einbrachten, wobei er doch bei den Einheimischen viel schöner, viel poesievoller, viel wirklicher Diamir heißt – König der Berge.

Freilich wußte ich, daß im Halbdunkel einer Diaschau müde Schüler nicht munterer würden, daß manch einer selbst vom faszinierendsten Thema gelangweilt wäre, und so sah ich darüber hinweg, daß schon beim ersten Bild vom Nanga Parbat zwei oder drei Schüler ihre Arme auf den Tischen verschränkten und, so bequem es ging, ihre Köpfe darauf betteten. Es enttäuschte mich, weil mich die Berge faszinieren. Doch was hätte ich tun können, tun sollen? Weckt Zwang Begeisterung?

Mit leisem Klack-Klack, ausgelöst durch sanften Knopfdruck auf der Fernbedienung, wurde das erste Dia zurück ins Magazin befördert, abgelöst von einer Totalen, die hervorragend Verlauf und unendliche Länge des Anstiegsweges von 1953 veranschaulichen konnte. Mit einer Stablampe, die einen kleinen Lichtpfeil an die Wand projizierte, zeigte ich auf dem Bild den Routenverlauf. Unter der Nordostwand hindurch, hinauf zum Rakhiot Peak, zum Mohrenkopf, über den Ostgrat zum Silbersattel, über das Silberplateau zum Nordgipfel, der Hauptgipfel verbirgt sich dahinter. Der Lichtpfeil huschte, schwebte, glitt über die Weiten des Berges, als wenn es nichts wäre, markierte Punkte hier und dort, verweilte kurz an jenen Stellen, wo in etwa die fünf Hochlager der von Herrligkoffer geleiteten Expedition eingerichtet worden waren. Das letzte in etwa 6900 Metern Höhe. 1225 Meter unter dem Gipfel und sechs horizontale Kilometer von ihm entfernt, trat Buhl am 3. Juli seinen einzigartigen Alleingang an. Doch eines nach dem anderen.

Zuerst, klack-klack, war mir daran gelegen, anhand einiger meiner eigenen Dias Buhls alpinistische Sonderstellung in jener Zeit herauszustellen. Die Nordostwand des Bergeller Piz Badile. Achthundert schwierige Meter hoch. Buhl bewältigte sie als erster Alleingänger.

»Ihr müßt die etwas mäßige Qualität der Alpenbilder entschuldigen. Die stammen von mir. Und ich bin ein dürftiger Fotograf. Mehr als Erinnerungsschnappschüsse bringe ich nicht zusammen.« Klack-klack. Die Watzmann-Ostwand. Im Winter, bei Nacht, auf dem schwierigsten Weg und allein – Buhls Generalprobe vor der Himalaya-Expedition.

Klack-klack. Etwas verwackelt die Eiger-Nordwand. Buhl gelang die achte Begehung. Zwei Seilschaften verbanden sich bei schlechten Verhältnissen in der Wand zu einer großen. 1952. Franzosen und Österreicher. Darunter so berühmte und exzellente Bergsteiger wie Gaston Rébuffat, Sepp Jöchler, Guido Magnone. Buhl stieg voran. In den vereisten Ausstiegsrissen stürzte er mehrmals. Doch seine Willenskraft, von der noch zu reden sein wird, siegte.

»Glaubt ihr, daß es Geld gab für solche Unternehmungen? Wohl kaum. Ein bißchen Ruhm konnten Bergsteiger wie Buhl vielleicht ernten, damals schrieben die Zeitungen noch über Erfolge und Unfälle in der Eiger-Nordwand. Ein bißchen Ansehen, ein bißchen Anerkennung, das war schon alles. Und vielleicht, daß ein Sporthaus einen wie Buhl mit Bergsteigerausrüstung gratis versorgte. Alles andere geschah aus Leidenschaft. Aus Liebe zu den Bergen, aus Liebe zum Bergsport. Und sollte nicht diese Liebe, sollte nicht solche Leidenschaft erster und vorrangigster Antrieb für sportliche Betätigung sein? Sind dann Erfolge nicht sogar höher zu bewerten als im Falle sechsstelliger Prämien für irgendwelche Siege?«

Ein neues Bild. Wieder eines aus dem Himalaya. Noch einmal der Nanga Parbat, diesmal aus etwas anderer Perspektive. Untermalung für meine Schilderung der entscheidenden Tage an diesem Berg. Wie Buhl und Otto Kempter im letzten Hochlager, dem Lager V auf 6900 Meter Höhe, eine unruhige, fast schlaflose Nacht verbringen, jäh aufkommender Sturm an dem kleinen Zelt rüttelt, sich wieder legt, wohlgesinnt den Bergsteigern. Wie Buhl um ein Uhr nachts Tee bereitet und eine Stunde später aufbricht, während Kempter, der sich nicht recht wohl fühlt, im Stundenabstand folgt. Kempter muß am Silberplateau aufgeben, einsam ist der Weg des Hermann Buhl.

Redete ich mich in Fahrt bei der Schilderung des Gipfelganges? Verklärte ich den wagemutigen Alpinisten allzusehr? Ließ ich mich hinreißen von der eigenen Begeisterung für das Bergsteigen und alles, was damit in irgendeiner Form zusammenhängt? Wie sonst wäre Heinbachs Reaktion am Ende der Stunde erklärbar, wie sonst.

»Nach etwa fünf Stunden hatte Buhl den Silbersattel erreicht. Es folgte das Silberplateau, zunächst leicht bergab, dann ständig bergauf und endlos weit. Der Sturm hatte Windgangeln in den Schnee gefräst, die ganze Hochfläche bizarr strukturiert und somit das Gehen zusätzlich erschwert. Ich habe ähnliches einmal erlebt in den Walliser Alpen. Ihr macht euch keine Vorstellung, wie so etwas die Schritte zur Qual machen, jeden Weg in seiner Länge scheinbar verdoppeln kann. Doch Hermann Buhl schaffte auch dies. Er arbeitete sich zum Vorgipfel und weiter zur Bazhinscharte vor, war bis dorthin bereits zwölf Stunden unterwegs. Dann der Gipfelaufbau. Was ihn erwartete, war ein etwa tausend Meter langer steiler Felsgrat, der einige Türme aufweist, deren Gangbarkeit noch fraglich schien. Zudem waren auch noch mehr als 300 Höhenmeter zu überwinden.«

Hier schaltete ich den Projektor ab, bat um Licht und um das Öffnen der Vorhänge, warf einen Blick über die Klasse, die sich teilte in Interessierte und Desinteressierte, und fuhr fort im Stoff.

»Auf Bilder werden wir jetzt verzichten können. Denn von dort oben, wo sich nun alles abspielt, habe ich sowieso keine. Doch was sich zutrug, ist so spannend, daß es kein Film besser zeigen könnte. Buhl hatte im Anstieg zum Vorgipfel, von der Höhe, also der dünnen Luft, geplagt, seinen Rucksack zurückgelassen. Mitgenommen hatte er nur ein Paar Handschuhe, die Wimpel für das Gipfelfoto, eine Flasche mit anregendem Cocatee, den Fotoapparat. Den Anorak hatte er sich um die Hüften gebunden. Jetzt, da er den Gipfelgrat erreicht hat, ist er kraftmäßig bald ziemlich am Ende. Der Grat stellt Kletterschwierigkeiten im vierten und fünften Grad. Und das auf einer Höhe von fast achttausend Metern. Er nimmt zwei Tabletten. Ein Aufputschmittel, das letzte Kräfte zu mobilisieren vermag, aber nach Ausklingen seiner Wirkung zum raschen Zusammenbruch führt. Um achtzehn Uhr, sechzehn Stunden nach seinem Aufbruch von Lager V, ist er nicht mehr weit vom Gipfel entfernt. Buhl trinkt seinen letzten Schluck Tee. Eßbares hat er nichts mehr bei sich.«

Ich nahm das Buch vom Episkop und las vor:

»Über mir sehe ich einen Felsvorsprung, der höchste erkennbare Punkt. Dahinter muß der Gipfel sein. Wie weit noch? Hoffentlich reicht die Kraft noch bis dahin! Immerfort beschäftigt mich diese bange Frage. Ich kann mich nicht mehr aufrecht halten, ich bin nur noch

Himalayaberge. Berge auf Leben und Tod? Der Nanga Parbat als Symbol für die Gratwanderung zwischen den Welten. Ein Berg der Tragödien: Welzenbach, Wieland, Merkl, Sigi Löw, Günther Messner... Ein Berg aber auch der außergewöhnlichen Leistungen: 1953 steigt Hermann Buhl als erster zum 8125 Meter hohen Gipfel.

das Wrack eines Menschen. So komme ich nur langsam weiter, immer näher kommt dieser Felsvorsprung, dem ich voll banger Erwartung zustrebe. Was ist dahinter?

Ich bin angenehm überrascht. Nur noch eine kleine Mulde, ein kurzer Schneehang, wenige Meter nur, es geht schon leichter...

Und dann stehe ich auf dem höchsten Punkt dieses Berges, auf dem Gipfel des Nanga Parbat. 8125 Meter hoch. Es ist sieben Uhr abends. Hier stehe ich nun, seit Erdenbestehen der erste Mensch auf diesem Fleck, am Ziel meiner Wünsche! Doch nichts von berauschendem Glück, nichts von jauchzender Freude, nicht das erhebende Gefühl des Siegers verspüre ich in mir. Ich bin mir der Bedeutung dieses Augenblicks nicht im geringsten bewußt. Ich bin vollkommen fertig!«

Ich schlug das Buch zu.

»Soweit Hermann Buhl über seine letzten Schritte zum Gipfel dieses Achttausenders. Die unvorstellbare Kraft- und Willensanstrengung eines geradezu besessenen Bergsteigers, eines unvergleichlichen Sportlers, eine fast übermenschliche Tat. Wer weiß aus der Welt des Sports Vergleichbares?«

Ich kam auf die dramatischen Umstände beim Abstieg vom Nanga Parbat. Erzählte, wie Buhl im Abstieg eine leichtere Variante fand und somit der Kletterei am Gipfelgrat ausweichen konnte, wie bei der Bazhinscharte die Nacht über ihn hereinbrach, er nicht zurückfand zum abgelegten Rucksack, zu Zeltsack, Pullover und Proviant, wie er stehend und schutzlos die Nacht verbringen mußte in achttausend Metern Höhe, in eisiger Kälte und bei aller Erschöpfung nicht einschlafen dürfen, weil Schlaf nun gleichbedeutend mit Tod gewesen wäre.

»Erst um vier Uhr morgens fiel Mondlicht auf die Flanke dieses Berges, erst jetzt konnte er den Abstieg fortsetzen. Er fand seinen Rucksack nach langem Suchen und er fand zurück ins Leben, wenngleich mehr tot als lebendig.« Ich schaltete das Episkop nochmals ein, legte wieder das Buhlporträt, das Gesicht eines alten Mannes, auf,

Die Fleischbank und der Fleischbankpfeiler, berühmtes Felsmassiv über der Steinernen Rinne im Wilden Kaiser. Hier wurde Alpingeschichte geschrieben, bedeutende Alpinisten haben Routen in den Fels gezeichnet: Dülfer, Rebitsch, Wiessner, Schmuck, Brandler, Schubert und hundert andere mehr.
1977 eröffneten Kiene und Karl am Pfeiler die »Pumprisse«, den ersten offiziellen Siebener im gesamten Alpenraum.

und ließ das Bild wirken auf die Schüler, deren Aufmerksamkeit beim Bericht vom schwierigen, dramatischen Abstieg vom Gipfel fast durchwegs geweckt worden war.

»So sah Hermann Buhl aus, als er am 4. Juli gegen sieben Uhr abends bei Menschen, bei Gefährten, bei Freunden eintrifft. Der Bergfilmer Hans Ertl und Walter Frauenberger waren ihm entgegengegangen. Am Mohrenkopf fielen sie sich in die Arme.«

Noch einmal das Bild einen Moment lang wirken lassen. Eingehend wurde es nun von fast allen betrachtet. Die sonnenverbrannte Haut, die eingefallenen Wangen, die tiefen Falten in der Stirn, die Augen, die so müde sind wie sonst nichts auf der Welt. Jetzt wußten sie die Geschichte dieses Bildes, die Geschichte dieses Gesichtsausdrucks. Die Gesichter meiner Schüler verrieten Teilnahme, das der Weidner heuchelte gar lebhafte, nur Heinbach lümmelte scheinbar unbeteiligt in seiner Bank, hob jedoch den Kopf, als er meinen Blick auf sich gerichtet spürte und grinste, fast unmerklich und nicht verratend warum.

Ich wich seinem Grinsen aus.

»Anmerken... anmerken also möchte ich noch, daß sich Hermann Buhl bei der Biwaknacht die Zehen des rechten Fußes erfror. Sie mußten amputiert werden. Um so erstaunlicher, daß er vier Jahre später in den Himalaya zurückgekehrt ist und trotz dieses großen Handikaps seinen zweiten Achttausender, den Broad Peak, bestiegen hat.«

Es waren nur noch wenige Minuten bis zum Ende der Stunde. Schon machte sich bei den ersten Unruhe breit, es wurde Unergründliches ein- und ausgepackt, Oberkörper verschwanden für kurz unter Bänken, um in Taschen nach irgendwas zu kramen, Bücher, Hefte, Brote, Süßigkeiten traten zutage, respektlos ließen die Schüler meine Stunde ausklingen. »Eins noch«, sagte ich. »Ich möchte, daß ihr euch am Beispiel Hermann Buhls Gedanken macht über den Lohn sportlicher Leistung. Nein, nicht schriftlich. Und vergleicht und wertet einmal für euch. Zum Beispiel, wenn ihr heute Fußball anseht... wer spielt überhaupt heute wieder?«

»Kamerun gegen Argentinien«, drang aus irgendeiner Ecke der Ruf, der sofort mehrstimmig mit Ergebnistips, mit Siegerwetten und Verliererschmähungen beantwortet wurde. Ich packte meine Sachen zusammen, wickelte die Kabel der Projektoren auf, klappte mein Buch zu und wollte schon vor dem Ertönen des Gonges das Zimmer verlassen, als Heinbach sich in die allgemeine Unruhe hinein meldete.

»Das klingt alles ganz schön, was Sie da sagen. Ausnahmebergsteiger und kein großes Geld dahinter, Leidenschaft et cetera. Logisch war das 'ne Riesenleistung, die der Buhl da hingelegt hat. Allein auf einen Achttausender, ohne künstlichen Sauerstoff.«

Ich war erstaunt. Zugleich erschreckt. Was griff Heinbach da an meinen Ausführungen an, was stieß ihm auf, was gefiel ihm nicht? Wollte er mich provozieren?

»Also nichts gegen Ihre Geschichte. Die ist ganz gut. Spannend und wirkungsvoll. Vor allem das Gesicht von dem, hinterher. Aber den Buhl dann so verklären, so zum Gipfel der Sportlichkeit machen, das halte ich für ziemlich schwach. Verstehen Sie«, sagte er und gestikulierte nun in seiner sonderbar über die Bank geflegelten Stellung mit den Fingern, »verstehen Sie, der Buhl war doch einfach ein Süchtiger und das Bergsteigen seine Droge. Der war nicht ganz sauber. Der brauchte das wie ein Junkie sein Heroin oder ein Schlucker seinen Schnaps.«

Hier unterbrach ich ihn, wollte Buhl verteidigen. Gewiß, auch er ist nur ein Mensch gewesen, mit starken, mit schwachen Seiten. Aber er war doch immerhin auch mein Idol früherer Jahre gewesen. War er nicht ein Idol gewesen? Ich kam nicht durch mit Argumenten.

»Oder wollen Sie es als toll und vorbildlich darstellen, daß Buhl, als er siebenundfünfzig an der Chogolisa in den Tod stürzte, seine Frau mit vier ziemlich kleinen Kindern daheim sitzen hatte.«

Hier ertönte die Schulglocke, und zu meinem Glück betrat nur Augenblicke später der Fachlehrer der nächsten Stunde mich mit freundlichem Lächeln grüßend das Klassenzimmer. »Ist das vorbildlich, Kinder in die Welt zu setzen und dann gefährlichen Abenteuersport zu treiben, als wenn man für die keine Verantwortung hätte. Die Kinder, die jetzt alle lang schon groß sind, die sollte man mal nach dem Lohn für die sportlichen Leistungen ihres Vaters fragen.«

»Wir reden noch«, sagte ich zu Heinbach. »Darüber werden wir noch reden, auf alle Fälle.« Sagte es, verabschiedete mich »bis übermorgen dann«, und war froh, das Episkop vor mir herschiebend das Klassenzimmer verlassen zu können.

An diesem Tag verließ ich das Schulhaus nachdenklich. Es gab Verschiedenes, worüber ich mir nicht oder nicht mehr im klaren war. Eines aber wußte ich: ich hatte Heinbach unterschätzt.

Der Lauf eines Lebens ist rascher als der Lidschlag eines Auges

Schwieriger als äußerst schwierig: siebter Grad an den Pumprissen im Wilden Kaiser

An einem Tag zwischen Winter und Frühling und ausgerechnet im wogenden Stadtmeer der tausend Gesichter, wo zufällige Begegnungen eigentlich unmöglich sein müßten, traf ich Mo. Sie war die erste Frau, mit der ich je geschlafen hatte. Einige Jahre waren vergangen, seit wir uns friedvoll getrennt, besser gesagt, nicht getrennt, sondern allmählich aus den Augen verloren hatten, und ich hätte Mo nicht gleich erkannt, wie sie daherkam mit einem Buben an der Hand, drei vielleicht oder vier, und einem prallen Bauch, worin schon ein nächstes Kind auf den Weltlichtblick wartete. Erst als wir uns im Gebummel, Gerenne, Gehaste, Geschiebe der Fußgängerzone nahe genug gekommen waren, erst als ich ihre graugrünen Augen über sommersprossigen Wangen erkennen konnte, gab es keinen Zweifel mehr. Es war Mo.

Sie habe zwar nicht allzuviel Zeit, sagte sie, nachdem wir uns gegenseitig vorgeschwindelt hatten, wie gut wir aussähen, wie wenig wir uns verändert hätten, wie schade es wäre, solange nichts mehr voneinander gehört zu haben, viel Zeit sei nicht, aber vielleicht auf eine Tasse Kaffee oder Tee und ein paar Worte aus ihrem und aus meinem Leben.

Lebensgeschichten. Immer muß ich dabei an Brechts »Herr Puntila und sein Knecht Matti« denken, dieses wunderbare Stück, das wir auf den Stufen eines Neuperlacher Kellertheaters sitzend erlebt und genossen haben, und wie der kahlköpfige Herr Puntila den Frühaufsteherinnen begegnet, sie nach ihren Leben befragt, um sich schließlich mit allen zu verloben. »Ich hab so ein Leben«, erzählt eine jede dem Puntila.

Mo hatte, als ich sie traf, so ein Leben: Ihr Kunstgeschichtsstudium habe sie abgebrochen, erzählte sie, zu langweilig, nur Romanik und Gotik, düstere Kirchenbauten, anders habe sie es sich vorgestellt. Eine Zeitlang gejobbt, alles mögliche, dann Jürgen kennengelernt und, du weißt ja, wie so etwas ist, nicht mehr weggekommen. Heirat, als Tobbi schon unterwegs war, seither ausgelastet im häuslichen Bereich, schon ein Kind sei ein fulltime job, nebenbei sich ein wenig um Jürgens Bürokram kümmern, er arbeite selbständig als Architekt, und sie führe ein wenig Buch, erledige die Steuerangelegenheiten und was halt sonst so anfalle. Dreißig Kilometer im Süden von München, dort lebe sie nun mit ihrer Familie, eine Doppelhaushälfte, würde dir nicht gefallen, viel zu rustikal, sei auch ihr anfangs aufgestoßen, aber man gewöhnt sich. Dafür seien die Möglichkeiten enorm, mehr Ruhe, bessere Luft, nicht weit zu einem kleinen See, Landschaft zum Radlfahren und Spazierengehen, Gebirgsblick an guten Tagen. Schon im Hinblick auf die Kinder, auf Tobbi und das Baby, von dem man noch nicht wisse, ob Mädchen oder Bub (kein Ultraschall!), sei dies von Vorteil. In der Hektik, dem Lärm und dem Gestank der Stadt, da könnten Kinder nicht gut aufwachsen.

Aber ich erzähle nur von mir, sagte sie. Was ist aus dir geworden, seitdem?

Ich schreibe.

Das ist ja prima. Hast du doch immer gewollt. Schriftsteller werden.

Naja, für Zeitungen und Zeitschriften. Schriftsteller ist vielleicht nicht ganz die richtige Bezeichnung. Schreiberling bei Auftrag.

Aber immerhin, du hast dir deine Freiheit erhalten, resümierte Mo und hob ihre Cappuccinotasse an den Mund, nippte daran, setzte sie wieder ab und leckte mit der Zunge die Sahne von der Oberlippe.

Immer dann, wenn andere von meiner Freiheit sprechen, muß ich an die früh verstorbene Janis Joplin denken, an ihren Song von Bobby McGee und die nachhallende Textzeile »freedom is just another word for nothing left to lose«. Mo lehnte die Zigarette, die ich ihr anbot, ab, Tobbi löffelte an seiner Kinderportion gemischtes Eis, und ich betrachtete die Frau, die ich einstmals liebte. Ihre Hände und wie sie sich bewegten, die Tasse hielten, mit einem Zuckerwürfel spielten, Tobbi gelegentlich beim Eisessen halfen.

Und ich schaute hemmungslos in ihr Gesicht, das gerahmt war von rotbraunen, früher viel längeren Haaren, zählte die Sommersprossen auf ihrem Nasenrücken, erinnerte mich an den Geruch ihrer Haut und begegnete in ihren Augen, die müder geworden waren mit den Jahren, einer zurückliegenden, wehmütig erinnerten Zeit.

Es war die Zeit, die ich, die wir so intensiv erlebt hatten wie keine andere. Die siebziger Jahre, dahinstürmende ereignisreiche Tage und Nächte unter einem marihuanaduftigen Himmel, die Träume waren selbstlos, die Leben ohne Ziel, treibend wie Brettchen auf den sieben Meeren. Knapp achtzehnjährig hatte ich die Schule verlassen, hatte die Schnauze voll gehabt von Menschen, die ihre Lebenswünsche auf mich Wunschlosen zu übertragen trachteten. Mutter vergoß Tränen, Vater hüllte sich in resignatives, eisiges Schweigen, und ich ließ mich in einem Kaufhaus als Mädchen für alles anstellen. In der Sportabteilung baute ich Zelte auf und ab, bei den Lebensmitteln hatte ich Einkaufswägen zusammenzuschieben und am Eingang für die Kunden bereitzustellen, kamen Warenlieferungen, so schob ich schwere Gitterwägen durch die Etagen, und verirrten sich Kunden mit ihren Fragen an mich, dann sagte ich, wir hätten dies und jenes nicht vorrätig, und war froh, wenn sie wieder gingen und mich in Ruhe ließen. In der Mittagspause saß ich an einem Brunnen vor dem Kaufhaus und las Bukowskis »Mann mit der Ledertasche« und war voll Bewunderung für den Autor, für seinen way of life. Abends hing ich in Kneipen herum und reichlich Bier und Schnaps ließen mich die Nacht über die geschniegelten Eierköpfe aus den Kaufhausabteilungen vergessen, kleine Nullen, denen die Hosen weinerlich am Hintern hingen und die sich doch alle für Generäle der Verkaufsstrategie hielten und mich herumkommandierten, tu dies, hol jenes, geht das nicht schneller, muß heute noch, ohne gewisse Arbeitseinstellung, also bitte, warum nicht gleich.

Eines Tages traf ich Mo. Bei einem Open-air-Konzert im Olympiagelände hockte sie sich neben mich, und gemeinsam leerten wir die Zweimarkfünfundneunzig-Flasche weißen Weins, ohne von den zwei Litern dieses Gesöffs auch nur Kopfschmerzen zu bekommen. Am Abend gingen wir zu ihr. Sie war zwei Jahre älter als ich und hatte zusammen mit Vera und Mike eine Hinterhofwohnung in Giesing, jenem Stadtteil, wo den ganzen Tag lang senile Rentner ihre Köpfe aus dem Fenster hielten, auf Italiener und Neger schimpften, wo bösartige Schoßhündchen den Gehsteig zuschissen, wo München noch kleinbürgerlicher miefte als überall sonst. Mo studierte Kunst, sporadisch, wie sie sagte, sie hörte dieselbe Musik wie ich, rauchte zwar nicht viel, dann aber gleich schwarzen Tabak, selbstgedrehte Zigaretten Marke Schwarzer Krauser, ihre Bude duftete danach und nach Patschuli, die Wände hingen voll mit Postern und mit Zeichnungen von allen möglichen Freunden, in einem wackligen Bücherregal dominierten die bunten Suhrkampbände mit Hermann Hesses Werk, willkürlich aneinandergereiht standen daneben, Kerouac, Upton Sinclair, Zola, van Goghs Briefe, Das große Heinz-Erhard-Buch, Grimms Märchen, Biografien von Che Guevara, James Joyce, Goethe, Molière und Kafka, es gab Wondratscheks Gedichte und eine Maobibel, Saint-Exupérys zerfledderten kleinen Prinzen, Bölls irisches Tagebuch, einen Stapel dicker kunstgeschichtlicher Wälzer, einen Bildband über die Beatles, und, was zunächst erstaunte, ein paar Bergbücher, Messners Aufbruch ins Abenteuer, Mazeauds Schritte himmelwärts, Pauses extremen Fels. Als Sitzgelegenheiten dienten mit Häkeldecken bunt gezierte Matratzen, der Plattenspieler stand ebenerdig, die vielen Schallplatten waren in hölzerne Obststeigen sortiert, in einer Ecke lagen Bongos. Mo legte die brandneue Scheibe von Pink Floyd auf, und es machte uns gar nichts, daß eine abgenutzte Nadel und eine insgesamt schlechte Anlage der Musik nicht unbedingt zuträglich waren. Remember when you were young, you shone like the sun.

Kletterst du noch, fragte mich Mo, während sie Tobbi den Mund, das Kinn und die Wangen mit einem Papiertaschentuch abwischte.

Nicht mehr viel, sagte ich. Nur noch gelegentlich. Die Arbeit läßt einem wenig Zeit.

So richtig zum Klettern hatten mich Mo und Mike und Vera gebracht. Gleich am ersten Abend in ihrem hochwandigen Zimmer hatte sie meinen Blick auf das aufgehäufte Kletterzeug, auf Seil und Gurte, Karabiner, Klemmkeile und glattsohlige Patschen richtig gedeutet, meine Fragen vorweggenommen, indem sie bekundete, daß es ein verdammt tolles Gefühl sei, so in der Senkrechten, Luft unterm Hintern, Leben an den Fingerspitzen. Kenne ich, hatte ich geantwortet, habe es selbst schon gemacht, entgegnete ich ihr, aber habe irgendwann den Anschluß verloren.

Ich blieb bei Mo in dieser Nacht und noch in vielen Nächten. Dann trug die Dunkelheit Sommersprossen, und Mos zufriedenes Atmen im Schlaf ließ mich wachtraumtrunken kein Auge zutun bis zur Dämmerung. Was war das für ein Leben. Ich trank es wüstendurstig aus Mos Lippen, meinen plattfüßigen Kaufhausjob erledigte ich lächelnd, meine Gedanken waren immer verreist. An den Wochenenden fuhren wir in Mikes altem Opel in die verschiedenen Klettergärten, turnten an den Felsen herum, rauchten Schwarzen Krauser, tranken abends in den Kneipen ein paar Bier, dröhnten uns auf dem Heimweg die Köpfe voll mit Jimi Hendrix aus dem Radiorekorder, und sogen, wieder at home, jenes grass in uns hinein, das der Bauer den Kühen geflissentlich vorenthält, damit sie nicht Purzelbäume auf den Weiden schlagen. So verging ein prallvolles Jahr. Vom vielen Klettern bekamen wir dicke Unterarme, von den Konzerten Johnny Winters, Amon Düüls, der Rolling Stones, der Allman Brothers bekamen wir dicke Ohren, weil uns irgendein Zufall meist in die Nähe der hyperdimensionalen, dröhnenden Baßboxen beorderte, vom Rauchen färbten sich die Fingerkuppen gelb, die Augenringe von durchliebten Nächten schwarz, die Pupillen wurden durch den gelegentlichen Konsum von Minitrips erstaunlich klein. Vera hatte diese stecknadelkopfgroßen LSD-Stückchen aufgetrieben, und bald war man für acht Stunden ein Mensch mit neuen Eindrücken und Empfindungen.

Beim erstenmal hüllte sich die ganze Welt in zartes Ocker. Wir gingen hinaus in die Straßen, und ich stellte entzückt fest, daß ein VW-Käfer mehr hoch als breit ist und über enorm dicke Reifen verfügt. Wir gingen durch vereinsamte Häuserreihen wie durch eine verlassene Filmstadt, und jeder Windhauch, der Blätter oder zerknülltes Zeitungspapier bewegte, war Musik. Wir sahen in der Ferne eine Blinkampel und wußten, daß fremde Wesen in Giesing gelandet waren und uns, ausgerechnet uns, ihre Zeichen gaben, mit uns in Kontakt traten. Als wir gegen halb sechs wieder in unserer Wohnung waren und ich das Fenster zum Hof öffnete, war das Ocker heller und noch zarter geworden. Alles war ocker. Die gegenüberliegende Hausfassade, das Pflaster im Hof, die Fenster vis-à-vis, die Teppichstange, die streunende Katze, die abgestellten Fahrräder, der dämmrige Himmel, unser Zimmer, unser Bett, Mos nackter Körper, das Kletterzeug in der Ecke. Ich legte eine uralte Platte von Django Reinhardt auf, und sein ockerfarbenes Gitarrenspiel vermengte sich mit dem Vogelkonzert, das braungelb durchs offene Fenster drang, und so dämmerte ich in einen einfarbigen Schlaf.

In jener Zeit rückte Mike, der von uns allen der bergsteigerisch Aktivste war, mit einer verrückten Idee heraus. Im Wilden Kaiser, am Fleischbankpfeiler, wollte er eine Erstbegehung machen. Er hätte alles genau studiert. Da wäre ein Rißsystem, das überhängend vermutlich hinaufführt zum Pfeilerkopf. Von da an trainierten wir wie besessen. Schränkten das Rauchen ein und rannten in den Isarauen, bis die Pullis durchgeschwitzt waren und unsere Lungenflügel nur mehr aufgeregt flatterten. An den Türstöcken unserer Behausung lieferten wir uns mit verzerrten Gesichtern Klimmzugwettkämpfe, im Altmühltal machten wir uns pro Klettertag mindestens zwanzig Routen nicht unter fünf plus zur Pflicht. Alkohol, grass und Trips waren zum strikten Tabu erklärt, und was die ansonsten so kraftzehrende Liebe anbelangt, so mußte die ohnehin kürzer treten; wenn die Muskulatur vom Trainingsfleiß kräftig schmerzt, wenn das Joggen einen richtig ausgepowert hat, dann kann neben einem liegen wer will, man schläft taub und schwer und ohne das Gefühl, irgend etwas zu versäumen.

Eines Tages war es soweit. Mike, Mo und ich fuhren in die Griesenau im Kaisergebirge, Vera hatte sich nicht ganz wohl gefühlt und lieber verzichtet. In aller Herrgottsfrühe kamen wir dort an. Noch verbarg sich die Sonne hinter den Bergen, und der Morgen war kalt. In den Kleinbussen schälten sich Kletterer aus ihren Schlafsäcken, lugten schmieräugig und wuschelköpfig gen Himmel, der wolkenlos ihre Hoffnungen auf Weiterschlafen zerstörte. In ein paar Stunden würden sie alle in den Wänden über der Steinernen Rinne hängen, ein paar am Predigtstuhl, viele am Christaturm, nicht weniger an der Fleischbank, vor allem in der Dülfer, der Südost und der Verschneidung, eine Seilschaft vielleicht auch am Pfeiler, bestimmt keiner aber in unseren Rissen, durch die wir uns einen Weg suchen wollten an diesem Tag. Wir frühstückten am Auto. Mike rührte sich in einem Plastiknapf aus Körnern, Milch und Honig eine klebrige Müslipampfe an, Mo und ich aßen Thunfisch aus der Dose, dazu Knäckebrot und tranken schwarzen Tee, den wir auf einem kleinen Gaskocher bereitet hatten. Nachdem wir gegessen hatten, drehte Mo drei Zigaretten, steckte sich alle in den Mund und zündete sie paffend an, wobei sie dampfte wie eine alte Lokomotive auf Überlandfahrt. An so einem Tag, vor so einer Tour, sagte sie, und schaute uns an mit ihrem entwaffnenden, nicht einmal Widerspruch duldenden Lächeln, und hielt Mike und mir einen Glimmstengel hin.

Dann packten wir unseren Kram zusammen, die Seile, die vielen großen und kleinen, dünnen und dicken Haken, die Klemmkeile und Schlingen, die Karabiner und Holzkeile für alle Fälle. Die Helme auf die Rucksäcke geschnallt stiegen wir Richtung Steinerne Rinne auf, trotz intensiven Trainings schwitzend unter der Last auf dem Rücken. Schweigsam setzten wir Schritt an Schritt und ergaben uns den Gedanken, die wohl jeden überkommen, der irgendwo ins ungewisse Abenteuer einer Erstbegehung aufbrechen will. Wir hingen unseren

Tagträumen und Wünschen nach, hofften darauf, daß alles gutgehen und gelingen würde, daß die Tour, auf die wir uns da mit Mike einließen, eine schöne werden würde und wir glücklich wären dort oben, wo sich der Pfeiler im Nordgrat der Fleischbank verliert.

Erinnerst du dich, wie enttäuscht wir waren, als wir hinaufschauten am Pfeiler und feststellen mußten, da ist schon wer? fragte ich Mo, und ihr erstaunter Blick machte mir deutlich, daß meine Frage mit ihren Erzählungen nichts zu tun hatte, daß ich ihr nicht zugehört hatte, sondern den sommersprossigen Erinnerungen aus jenen Jahren gefolgt war, die unwiederbringlich und nicht wiederholbar hinter uns lagen. Tobbi quengelte. Das Eis war gegessen, es gab nichts mehr, was ihn am Tisch hätte halten können.

Er wollte weiter. Hinaus in die wundersame Großstadtwelt mit ihren spielzeugparadiesischen Schaufenstern, den Musikanten und Pantomimen, den vielen und vielen sonderlichen Leuten.

Ja, sie erinnere sich, sagte Mo, aber es käme ihr wie aus weiter Ferne. Liege ja auch schon ziemlich lang zurück. Mal wieder von Mike gehört? Nein, sie auch nicht. Jetzt müsse sie dann aber weiter, Tobbi würde schon ungeduldig, zudem sei noch viel zu erledigen.

Ich gab der Bedienung ein Zeichen, daß ich zahlen wollte. Zusammen, sagte ich, als sie die Preise der Kaffees und der Kinderportion Eis auf ihren Block schrieb. Ich sah den Anflug eines verlegenen Lächelns in Mos Gesicht.

Vielleicht ist mal Gelegenheit, ausgiebiger zu ratschen, sagte ich, als wir uns vor dem Kaffeehaus verabschiedeten. Ich stehe im Telefonbuch. Ruf an, wenn du Zeit hast. Würde mich sehr freuen. Sehr.

Mach ich, bestimmt, log Mo, gab mir auf jede Wange einen kaltlippigen Kuß, forderte Tobbi auf, Wiedersehen zu sagen, und ich wußte, daß es für uns nichts mehr zu erzählen gab. Ich schaute ihr nach, wie sie, den Buben an der Hand, eintauchte in die Menge, sich darin verlor und mir endgültig verlorenging.

Ich ging zurück ins Café, bestellte ein Viertel südfranzösischen Landwein, trank in kleinen Schlucken, schloß die Augen und ließ die alte Mo, so wie sie damals war, wieder lebendig werden.

Scheiße, sagte sie im Juni 1977, als Mike den Rucksack absetzte und verdrießlich feststellte, daß die da oben am Pfeiler in seinen, unseren Rissen unterwegs seien. Scheiße, sagte Mo. Wir berieten, was wir tun könnten. Mike formte seine Hände vor dem Mund zum Trichter und rief zu der Seilschaft hinauf, ob das eine Erstbegehung sei, worauf ein Nein in den schroffen Wänden über der Steinernen Rinne hin und her hallte. Wir suchten uns einen Platz, der halbwegs steinschlagsicher schien und dennoch guten Blick auf den Pfeiler bot und warteten erst einmal, was geschehen würde. Mo kauerte neben mir, lehnte sich an mich, und ihr Körper zuckte merklich zusammen, als der Seilerste dort oben im Quergang aus den Rebitschrissen hinüber zu unserer geplanten Tour mit einem Haken aus Wand flog und unter einem Überhang pendelnd hängenblieb. Zum Glück schien alles gutgegangen.

Wie heißt eure Route? rief Mike zweifelnd hinauf, denn ihm war nicht bekannt, daß irgendein Anstieg den Wandteil rechts der Rebitschrisse durchzog. Es dauerte eine Weile, bis eine Antwort kam.

Messner/Robbins, schrie der eben Gestürzte zu uns herab, und dann lachten er und sein sichernder Partner, es echote von den Wänden und wir wußten, die beiden da oben verarschen uns nach Strich und Faden. Sie waren in einem hakentechnischen Quergang zu unseren Rissen, und wir standen unten wie die begossenen Pudel.

Mo war es, die unkompliziert vorschlug, die Risse aus den Köpfen zu streichen, etwas anderes zu machen. Unsere Wahl fiel auf die Schüle/Diem in der Westwand des Predigtstuhls, dem Fleischbankpfeiler gegenüber. Wir deponierten zwei Rucksäcke mit nun unnötigem Material, einen mit dem Nötigsten nahmen wir mit. Mike stieg vor, Mo und ich folgten an je einem Ende des Doppelseiles. Mike ging alles frei, die Fünf-Plus-Stellen sowieso, aber auch die technischen Passagen wußte er weit spreizend zu überlisten, und es war mir ein Rätsel, wie er sich an kleinen, abgespeckten Griffen in hanebüchenen Stellungen zu halten vermochte. Auch Mo machte ihre Sache gut. Leicht, geschmeidig und katzenbeweglich stieg sie hoch, benutzte nur hie und da einen Haken, um sich daran ein paar Zentimeter hinaufzuziehen. Da machte ich es mir schon einfacher. Probierte gar nicht lange herum, sondern stieg in eine Bandschlinge, wenn mir die Tüftelei zuviel war. Meinen mangelnden Ehrgeiz konnte ich gut mit dem hinderlichen Rucksack, den ich mitzuschleppen hatte, begründen.

Von den Standplätzen aus konnten wir hinüberschauen zu den Rissen am Fleischbankpfeiler. Langsam, bedächtig, spinnenartig wurde dort drüben geklettert, Finger, Hände, Fäuste klemmten in den Rissen, Beine waren fast bis zum Spagat gespreizt. Und was das Besondere war – nicht das Schlagen eines einzigen Hakens war zu vernehmen. Die gehen alles nur mit Keilen, sagte Mike und wirkte immer noch griesgrämig, wenn er hinübersah zum Pfeiler. Möchtest du jetzt drüben sein, fragte ich Mo. Sie kniff die Augen ein wenig zusammen und sagte: schaut schon verdammt wild aus.

Am frühen Nachmittag hockten wir am Gipfel des Predigtstuhls. Wir sahen zu, wie die beiden Kletterer am Pfeiler die letzte Seillänge zum Grat bewältigten, überaus schwierig zunächst noch, wie es schien, dann fast im Laufschritt hinaus aus ihrer Tour.

Macht euch nichts draus, sagte Mo und holte die beiden Flaschen Piccolo, die wir in einem Schneerest kalt gestellt hatten und die eigentlich für den Umtrunk nach erfolgreicher Erstbegehung gedacht gewesen waren. Wir saßen am Predigtstuhl im Kaisergebirge, genossen den Blick über diese wild zerklüftete Felsenlandschaft, sahen winzig klein die Bergwanderer am Ellmauer Tor, Kletterer in Fleischbankrouten und auf den umliegenden Gipfeln, tranken mit den Augen Weit- und Tiefblicke in uns hinein, bewunderten das Spiel von Licht und Schatten, das die Sonne mit den Bergformen inszenierte, tranken Sekt aus den kleinen Flaschen, vergaßen die schlechte Laune, wurden zufrieden, weil schließlich die Schüle/Diem am Predigtstuhl auch nicht zu verachten ist, wir bliesen den Rauch unserer Zigaretten in den mild-blauen Himmel und sahen den sich rasch auflösenden Tabakwölkchen nach. Hingefläzt auf die Gipfelfelsen, den sektperligen Gedanken nachhängend, ahnten wir nicht, daß es ein Jahr der Niederlagen und der Verluste bleiben würde.

Im Herbst starb einer unserer Freunde, dem der Genuß von Drogen mehr geworden war als ein Bewußtsein erweiterndes, fröhliches, ausgelassenes, kreatives Spiel. Er hatte sein Heiligtum versetzt, eine goldmetallic glänzende Gibson-Les-Paul-Gitarre, hatte sich vom Erlös Stoff besorgt, war zum Ammersee gefahren, um im seewassergespiegelten Sonnenuntergang einen jämmerlichen und kitschigen Tod zu erleiden. Sein Abgang beendete unsere Zeit.

Mo und ich trafen weniger oft zusammen. Woran es eigentlich lag, ich weiß es bis heute nicht. Verschoben sich unsere Interessen oder unsere Mentalitäten? Auf jeden Fall: wir gewannen neue, gute und schlechte Freunde, und allmählich verloren wir uns aus den Armen und den Augen. So schwerelos wie mit Mo sollte es nie mehr werden.

Am frühen Abend dieses Tages im Kaisergebirge trafen wir auf der

Stripsenjochhütte ein, die einzigartig auf einem dem kolossigen Totenkirchl vorgelagerten Joch errichtet ist. Unter all den Kletterern, Bergsteigern und Wanderern, die an diesem Abend stinkstrümpfig die Hütte bevölkerten, erkannte Mike die beiden vom Fleischbankpfeiler. Der eine hieß Helmut Kiene, trug eine zerschundene Latzhose, ein weites, an den Ärmeln zerfetztes Hemd, seine Augen verrieten, daß er sich wie andere nicht immer allzu ernst zu nehmen bereit sei, seine Hände glichen denen eines Bauarbeiters und waren zudem blutig und schrundig von der Klemmerei in den Rissen. Der andere hieß Karl, Reinhard, also Reinhard mit Vornamen und Karl mit Nachnamen. Er trug eine runde Nickelbrille, ein gebatiktes T-Shirt, eine weite Cordhose, seine dunklen Haare fielen bis auf die Schultern, seine Hände ähnelten denen Kienes, er grinste breit, und wir waren uns nicht sicher, ob dies Verlegenheit, Scheu, Arroganz oder alles in einem zu bedeuten hatte. Sie erkannten uns ebenfalls – als die Schreihälse vom Vormittag. Doch war nun ihr Sarkasmus gewichen. Ja, es sei eine Erstbegehung gewesen, und war für eine, sagte Kiene. Schwieriger als die bislang schwierigsten Kaiserrouten. Folgerichtig der erste Siebener im Kaiser, der erste in den Alpen. Angeber, dachten wir alle, und »Arschlöcher« dachte sich Mike. »Pumprisse« nannten Kiene und Karl ihre Tour, weil man sich hochpumpen muß in den überhängenden hand- und schulterbreiten Schlufen.

Bald darauf stand alles in der Alpenvereinszeitschrift. Fleischbankpfeiler, rechts der Rebitschrisse, Kiene/Karl, VII. Jetzt mußten selbst wir es glauben. Und uns eingestehen, daß wir da sowieso nicht hinaufgekommen wären. Ich bestellte noch ein Viertel Wein, rauchte noch eine Zigarette, zahlte dann und machte mich wieder auf den Weg. So, dachte ich, so war das mit den Pumprissen. So war das mit Mo.

Kurosawa träumt Messner

Die letzten Schritte zum vierzehnten Achttausender

Tobs ist Produzent. Er hat Geld jede Menge. Woher, tut weiter nichts zur Sache. Wichtig ist nur, daß er dieses Geld in Filme steckt. Wenn du also eine Idee hast, eine gute, mit der am Filmmarkt möglichst auch ein Geschäft zu machen ist, dann geh zu Tobs. Wahrscheinlich kommst du gar nicht an ihn ran. Wenn doch, dann bist du vielleicht im nächsten Jahr ein gemachter Mann.

Wer kennt ihn nicht? Anfang vierzig ist er, schlank, ziemlich groß gewachsen, das Haar trägt er im Bürstenschnitt. Hat man ihn je anders gesehen als in engen Jeans, der Lederjacke, die schon bessere Zeiten erlebt hat, den halbhohen Turnschuhen? Und als Markenzeichen jene Metallbrille mit den runden Gläsern, die, dunkel getönt, sein Augenspiel verbergen.

Es ist schwer, von Tobs eine gute Meinung zu haben. Er ist arrogant, weil er weiß, daß mit Geld alles zu kriegen ist: Stars und Frauen, Anerkennung und Macht. Und er ist dumm, was die ganze Sache noch verschlimmert. Er scheint die Bestätigung dafür zu sein, daß Geld und Geist nur widerwillig enge Verbindungen eingehen.

Doch eines muß man Tobs zugute halten: Er ist besessen von seiner Arbeit. Er hockt sich nicht auf den faulen Hintern und streckt seine langen Beine von sich. Denn das könnte er. Nein, er will Filme machen, unablässig. Will sie finanzieren und dadurch ermöglichen. Und von Zeit zu Zeit regt er auch irgend jemand dazu an, ein Thema, das ihm, Tobs, durch den Kopf geht, in filmische Bilder umzusetzen. Zugegeben: Das meiste davon ist Kommerz, ist schlichte Handlung für schlichtes Publikum. Doch wer ihn kennt, seinen Weg auch nur ein wenig verfolgt hat, der weiß, daß die eine oder andere Perle durch ihn zum Glänzen kam. Wer also eines Tages die Rede an Tobs Grab zu halten haben wird, muß, will er bei der Wahrheit bleiben, seiner als eines Arschlochs gedenken, das aber so leicht nicht zu ersetzen ist.

Filmfestspiele in Cannes 1990. Akira Kurosawas neuer Film, sein Alterswerk »Yume«, zu deutsch »Träume«, hat das Festival eröffnet. Steven Spielberg ist da. Er hat die Träume möglich gemacht. Und George Lucas, der Meister der special effects, der die japanischen

Traumreiche eben damit amerikanisiert hat. Und natürlich Tobs, der nicht wegen Spielberg und Lucas und eigentlich auch nicht wegen Kurosawa gekommen ist. Und dennoch hat ihm dieser Film imponiert. Träume. Tobs hat eine Idee.

Am nächsten Tag sieht er Kurosawa auf der Promenade, die den Strand von den Hotelprachtbauten trennt. Auf einer Bank sitzt der alte Herr. Das Haar ist grau und über der Stirn stark gelichtet. Dunkel hingegen sind die Augenbrauen, schwarz fast wie das Gestell der Hornbrille, durch das Kurosawa mit offenen Augen über den wenig belebten Sandstrand hinausträumt aufs weite Meer. Neben dem alten Mann, achtzig ist er mittlerweilen, neben ihm, dem Kaiser des japanischen Films, sitzt eine kleine Unscheinbarkeit in mittleren Jahren, Teruyo Nogami, seit Jahrzehnten Scriptgirl und PR-Managerin in einer Person. Auch sie schaut hinaus aufs Meer, auch sie scheint zu träumen. Kurosawa raucht eine Zigarette.

Er sitzt da, zurückgelehnt, die Beine übereinandergeschlagen, bewegungslos, würde er nicht ab und an eine Hand zum Mund heben, um die Zigarettenasche abzuklopfen. Seine Miene verrät keinerlei Ausdruck. Ein Stück vor ihm spazieren Leute durch den Sand, aufgedonnerte Schönheiten vergangener Tage führen ihre Hunde aus, lassen sie auf den Strand scheißen und glauben wohl in zwanzig Jahren noch immer, daß sie ihrer weiblichen Reize wegen für »den Film« entdeckt werden. Paare gehen untergehakt. Kinder rennen einander nach. Im Trenchcoat mit hochgeschlagenem Mantelkragen geht einer wie Humphrey Bogart vorüber, doch Kurosawa schaut niemand nach. Das alles läßt ihn kalt. Einer wie er hat alles bereits gesehen.

Tobs hält nicht viel von falscher Scham. Er tritt näher, überzeugt sich, daß der, den er für Kurosawa hält, auch wirklich Kurosawa ist, gleich steht er unmittelbar vor dem gleichgültig wirkenden Meisterregisseur und tut, was neben Geld seine einzige Stärke ist, er reißt die Klappe auf. In englischer Sprache redet er ihn an.

»Mr. Kurosawa?«

Keine Reaktion.

»Mr. Kurosawa. Ich bin Tobs. Habe Ihren Film gesehen. Hat mich beeindruckt. Wirklich sehr«. Frau Nogami sieht kurz auf, Kurosawa schaut weiter unverwandt aufs Meer, läßt die kleinen Wellen mit ihren weißen Gischtkronen für sich spielen, nimmt von dem Fremden in Lederjacke und Turnschuhen keine Notiz. Gewiß ist er froh, endlich einmal eine halbe Stunde ohne Presserummel zu haben, eine halbe Stunde, da sich die Blitzlichtgewitter über anderen Häuptern entladen, ein anderes Opfer tausend dumme Fragen über sich ergehen lassen muß. »Verstehen Sie, Mr. Kurosawa, ich bin Produzent. Aus Deutschland. Ich mache Filme. Als ich gestern Ihre Träume gesehen habe...«

Kurosawa erwacht aus seiner lethargischen Stimmung. Doch nicht wegen Tobs. Seine Zigarette ist bis zum Filter geraucht. Kurosawa sieht sich um. In Japan herrscht Sauberkeit, legt man Wert auf Hygiene. Man wirft seinen Dreck nicht einfach auf den Boden. Doch was bleibt ihm anderes übrig. Der Papierkorb neben der Bank ist weggerissen, nur mehr die Halterung steht nutzlos und einsam da. So läßt Kurosawa den Stummel auf den Boden fallen und drückt mit dem Schuh die Glut aus.

»Mir ist da so eine Idee gekommen«, sagt Tobs. »Ihre Träume sind phänomenal. Das Beste seit langem. Mich hat das inspiriert.«

Kurosawa sagt halblaut etwas zu seiner Begleiterin. Es ist japanisch, Tobs versteht es nicht. Doch ist klar, was gemeint ist. Komm, gehen wir, mag das heißen. Denn schon stehen der alte Mann und Frau Nogami auf und gehen ruhigen Schrittes los, ohne von Tobs die geringste Notiz zu nehmen. Doch so leicht läßt der sich nicht abschütteln. Er hat sich etwas in den Kopf gesetzt und er läßt nicht locker, bis die Sache entweder unter Dach und Fach oder ein unverrückbares Nein gesprochen ist. Er geht einfach mit, ob es den beiden nun paßt oder nicht.

»Kennen Sie Messner? Den Bergsteiger? Kennen Sie den, Mr. Kurosawa?«

Nun scheint der Japaner zum erstenmal Notiz zu nehmen von Tobs. Mit einem kurzen Blick, der eine gewisse Verächtlichkeit ausdrückt, sieht er ihn an, dann schaut er fragend zu Frau Nogami, die daraufhin übersetzt, was der dunkel bebrillte Deutsche von sich gibt.

Sechzehn Jahre nach seinem ersten Achttausender bestieg Reinhold Messner 1986 den 8516 Meter hohen Lhotse. Als erstem Menschen gelang ihm damit, auf allen 14 Achttausendern zu stehen. Die Südwand des Lhotse (im Bild) blieb weiterhin eines der großen Probleme im Himalaya. Der Jugoslawe Tomo Cesen löste es 1990 im Alleingang. Wieder eine Sternstunde des Alpinismus.

Tobs wittert Morgenluft. Er erzählt von seinem Einfall. Einem weiteren Traum, den Kurosawa träumen soll. Bietet nicht Messners Gang zum Lhotse ein ideales Thema? Sein Aufstieg zu seinem vierzehnten Achttausender. 1986 war das. Als erster Mensch überhaupt stand der Südtiroler Alpinist auf allen Achttausendern.

»Warum trinken wir nicht irgendwo einen Kaffee. Es läßt sich besser reden dabei«, schlägt Tobs vor. Doch obwohl an Cafés und Bistros kein Mangel herrscht, geht Kurosawa nicht darauf ein. Lieber läßt er sich die milde Sonne auf das dünn behaarte Haupt scheinen und den nach Salz und abgestandener Hafenbrühe riechenden Wind um die wirklich großen Ohren wehen.

»Mit solchen Ohren hätte der Musiker werden müssen«, denkt sich Tobs. »Unergründlich sind die Wege des Herrn.« Ein Stück weiter am Strand hat sich ein Grüppchen von Menschen gebildet. Ein paar Fotografen mit ihren voluminösen Apparaten, ein paar Schaulustige. Alle begaffen eine gutgebaute Blondine, die ihre gigantischen Brüste zur Besichtigung freigibt. Ein kleiner Schritt zur großen Karriere? Geht Federico Fellini vorbei? Nein. Kurosawa geht vorbei, und den interessieren die Kriegsschiffe, die am Horizont kreuzen, die zurückkehren vielleicht nach ihrem Hafen in Toulon, weit mehr als dieses blaßhäutige Frauenzimmer. Ist er nicht der moderne Schlachtenmaler schlechthin? Die sieben Samurai. Kagemusha. Ran. »Nun hören Sie mich doch wenigstens an«, fordert Tobs. »Das ist weiß Gott nicht zuviel verlangt. Ich habe Ihnen einen Vorschlag zu machen, ich habe das nötige Geld zur Verwirklichung, und Sie sind der richtige Mann dafür. Also hören Sie zu, Kurosawa.«

Täuscht es oder ist es wirklich so: Bei der Bemerkung über das nötige Geld scheint in Kurosawa zumindest ein Hauch von Interesse aufzukeimen. Er wirft Tobs einen prüfenden Blick zu. Wirkt wieder das unheilige Wundermittel Geld? Wer könnte es dem alten Regisseur

Zu guter Letzt erzählt dieses Buch von einem hundertjährigen Mann, der ein karges Leben lang immer wieder auf die unscheinbaren Berge seiner Heimat stieg.
»Wenn ich hier heraufgehe, oder auf den Berg dort drüben oder dort auf den, und wenn ich dann dasitze und schaue, schaue, horche, rieche und fühle, dann habe ich meine Sternstunde.«
Das Große liegt oft im Kleinen.

verdenken, der von vielen großen Kollegen weltweit als der Allergrößte gefeiert wird, im eigenen Land aber als Prophet der Filmkunst nichts gilt, auf fremde Gelder angewiesen ist. »Daß ein Mensch alle Achttausender besteigt, das ist nicht weniger verrückt wie die Eroberung der Pole oder wie der Flug zum Mond. Das ist doch eine Wahnsinnsstory. Messner hat in sechzehn Jahren alle vierzehn Achttausender bestiegen, einige gleich ein paarmal. Achttausender, das ist Karakorum und Himalaya, das ist Asien, ist Ihre Welt, Kurosawa.«

Nun bleibt Kurosawa stehen, neben ihm Frau Nogami. Mit ausdruckslosem Gesicht sieht er Tobs an. Das kann heißen, daß er mehr darüber hören will, das kann genausogut heißen, daß Tobs jetzt endlich abzischen und sich nicht mehr blicken lassen soll. Tobs ist ein wenig irritiert. Wo ist das ewige Nippon-Lächeln? Wo die ständige Freundlichkeit? Aus der Fassung bringen läßt er sich jedoch nicht. »Was ich will ist, daß Sie einen Traum träumen. Kurosawa träumt Messner. Eine halbe Stunde, ein bißchen länger meinetwegen auch. Machen Sie einen Film daraus, ein kleines großes Kunstwerk. Und sagen Sie mir, was es kostet.«

Tobs hält dem Regisseur die Hand hin, doch der macht keine Anstalten einzuschlagen. Tobs holt seine Karte aus der Innentasche der abgenutzten Lederjacke und reicht sie Teruyo Nogami.

»Denken Sie darüber nach, okay? Und rufen Sie mich an.« Dann grüßt er flapsig, mit halb erhobener Hand, als würde es sich um alte Bekannte handeln und hört, im Begriff abzuziehen, gerade noch, was Akira Kurosawa, der Meister des Films höchstpersönlich, zu ihm sagt. Mit leicht erhobener Stimme und verzichtend auf die Dolmetscherdienste von Frau Nogami, sagte er in gut verständlichem Englisch:

»I think, that's not my movie. I'm sorry.«

Dann trennen sich die Wege. Kurosawa und Frau Nogami spazieren weiter entlang am Strand, langsamen Schrittes und teilnahmslos gegenüber allem, was rundherum geschieht. Tobs stapft hinaus zur Avenue, kickt irgendwo eine leere Sonnenölflasche aus dem letzten Sommer über den Sand, und denkt sich:

»Der soll mich mal, der Alte. Wer nicht will, hat schon.«

Gescheitert scheint seine Mission. Doch einige Wochen später geschieht, was niemand erwarten würde. Es kommt Post aus Tokyo. Ein großer Briefumschlag. Absender: Kurosawa. Tobs fällt in seinem cool eingerichteten Büro fast aus dem Designersessel. Verdammt noch mal, Post von seiner Majestät, dem Kaiser von Japan.

Eine Sekretärin hat den Briefumschlag bereits aufgeschlitzt. Die dumme Person. Wie gern hätte Tobs das selbst getan. Ist ja nicht irgendein Brief.

Er überfliegt die paar Zeilen, die der Sendung vorangestellt sind. Kurosawa läßt mitteilen, daß er sich ein paar Gedanken gemacht habe zur Idee der Achttausenderbesteigung. Treatment liegt bei. Tobs beginnt zu lesen, hat etwas Mühe, den Filmentwurf aus dem Englischen in seine Sprache zu übertragen. Doch allmählich beginnen in seinem Kopf die Bilder zu laufen.

Titel: BEGEGNUNGEN, weiße Schrift auf schwarzem Hintergrund. Das Lager 3 in 7500 Meter Höhe. Reinhold Messner und Hans Kammerlander brechen auf. Es ist früh am Morgen. Jeder trägt einen wärmenden Overall, dicke Fäustlinge, eine warme Mütze und die schützende Gletscherbrille vor den Augen. Sturm bläst und macht die dikken Daunenjacken notwendig. Die Steigeisen greifen gut im hartgepreßten Firn. Gehen. Den Pickel einsetzend, um in steilem Gelände das Gleichgewicht zu halten, Stehenbleiben nach zwanzig, dreißig Metern, ausruhen, Kraft schöpfen.

Eine steile Rinne, wo knietiefer Schnee sich gesammelt hat, macht Probleme. Mühsam ist das Hinaufspuren, das Atmen der beiden übertönt das Fauchen und Blasen des Sturms.

Ziehende Wolken reißen bisweilen auf, geben den Blick zum Gipfel frei. Noch etwa zweihundert Meter bis hinauf zum höchsten Punkt des 8516 Meter hohen Lhotse. Der nahe Everest ist von einer Wolkenfahne umgeben. Alles andere im weiten Rund wird klein und kleiner, verliert an Bedeutung. Jetzt kommt der Wind von hinten, treibt Messner und Kammerlander gleichsam vor sich her. Dennoch stehenbleiben, auf die Knie sinken, Atem holen nach jeweils zwanzig Schritten. Eins, zwei, drei, vier... Schritte, Schritte mit steigeisenbewehrten Plastikbergstiefeln im Eis von mehr als 8000 Metern, Schritte... achtzehn, neunzehn, zwanzig, einen noch, und noch einen, zweiundzwanzig, Schluß, eine Minute lang sich erholen von den Strapazen.

Die Gesichter der beiden Bergsteiger sind von der Anstrengung gezeichnet. In den Bärten ist die feuchte Atemluft zu Eisgebilden erstarrt.

Immer wieder Blicke hinauf. Der Versuch, die Nebelschwaden zu durchdringen und zu erfahren, wieviele Schritte es noch sind bis zum allerletzten der Achttausender, zu Messners letztem großen Berg.

Und wieder: eins, zwei, drei...

Sie steigen hinein in eine dichte Wolkenschicht. Da taucht plötzlich eine Gestalt aus dem Nebel auf. Sie kommt von schräg rechts. Es ist Adolf Schlagintweit in Weste und Jackett, die steife Hemdbrust am Hals von einer mehrfach geschlungenen Schleife gehalten, die Kragenspitzen reichen bis zu den langen Koteletten, das Haar ist oben glatt und sauber gescheitelt, seitlich sanft gewellt. Es ist jener Reisende und Forscher, der 1856 bis an den Fuß des Nanga Parbat vorgestoßen ist. »Ich war der Anfang«, sagt er zu den erstaunten Alpinisten. »Geht ihr den Weg zu Ende.« Und er verschwindet auf wenig geeignetem Schuhwerk wieder im Nebel der Vergessenheit.

Doch schon steht der nächste da. Albert Frederic Mummery. In seinem blassen Gesicht prangt ein dunkler Schnurrbart, fast verloren sieht das zierliche Nickelbrillchen aus. Er, der bereits 1899 versucht hat, den Nanga Parbat zu ersteigen und dabei in einer Höhe von etwa 6000 Metern verschollen blieb, tritt wortlos auf die beiden zu, reicht ihnen stumm die Hände und seine Augen scheinen glücklich zu leuchten. Er geht, wie er kam.

Zwei treten aus dem Grau. Es sind George H. Mallory und Andrew C. Irvine. Aschfahl sind ihre Gesichter, schwarzgerändert ihre Augen, die Lodenbekleidung hängt ihnen in Fetzen von den ausgezehrten Körpern, das Haar tragen sie lang, weil es auch nach ihrem Tod nicht zu wachsen aufgehört hat. 1924 versuchten sie sich am Mount Everest. Ohne künstlichen Sauerstoff. In einer Höhe von 8500 Metern wurden sie zum letztenmal von den Lagern aus gesehen. Dann verschwanden sie im Nebel.

»Es ist ein rastloses Sein zwischen den Welten, das unsere«, sagt Mallory.

»Wie sollen wir ruhen können im ewigen Eis, wenn jedermann unsere einstige Kraft bezweifelt?« fügt Irvine hinzu.

»Natürlich waren wir auf dem Gipfel.«

»Als erste!«

»Nicht Tenzing und nicht Hillary, Sir hin oder her.«

»Und ohne Sauerstoff.«

»Ganz wie Sie, Herr Messner, nur viel früher.«

»Viel, viel früher.«

»Im Abstieg kamen wir ums Leben.«

»Im Abstieg! Erst im Abstieg.«

»Sagen Sie es der Welt, damit man sich an uns erinnert als die, die wir wirklich sind.«

»Die ersten auf dem Dach der Welt.«

»Wir bitten Sie.«

Und weg sind sie, verschwunden im undurchdringlichen Gewölk.

An ihre Stelle tritt der hünenhafte Willo Welzenbach. Er trägt eine pelzgefütterte Mütze mit Ohrenklappen, seine Augen sind zu schmalen Schlitzen verengt, an hat er eine grob gestrickte Jacke und einen Schal aus demselben Material um den Hals geschlungen.

»Bevor ich starb, 1934 am Nanga Parbat, habe ich aus dem Lager 7 in etwas mehr als 7050 Metern eine Botschaft geschrieben und sie Willy Merkl mitgegeben. Einen verzweifelten Hilferuf. Warum kam niemand? Hat man den Brief je gefunden? Weiß man, wie wir starben? Denkt man an uns und unseren Schicksalsberg?«

Dann kommt der legendäre Hermann Buhl. Den breitkrempigen Hut in den Nacken geschoben, die Gletscherbrille auf der Stirn, die Gesichtshaut vom Gletscherbrand in Fetzen. Er lächelt.

»Ist ein Scheißberg, die Chogolisa. Wächtenbruch und weg. Tausend Meter. Bin auf zwei Achttausendern gestanden. In den fünfziger Jahren. Wäre das nicht passiert, das an der Chogolisa, alle vierzehn hätte ich bestiegen. Trotzdem: Macht's gut.«

Messner und Kammerlander steigen verwirrt weiter. Viele Gestalten tauchen auf im Nebel. Bergsteiger aus allen Nationen. Alle sind sie tot. Sie klopfen den beiden auf die Schultern, nicken respektvoll, lächeln freundlich. Manche Gesichter kommen Kammerlander und Messner bekannt vor. Sind das nicht alles die Wegbereiter von einst? Steht da nicht Lachenal, der mit Herzog 1950 mit der Annapurna den ersten Achttausender erobern konnte? Und da, und dort...

Plötzlich verzieht sich die Nebelbank. Strahlend blau gibt sich der Himmel. Nur noch ein paar Schritte sind es bis zum Gipfel des Lhotse. Am klaren Himmel wütet der Sturm und macht auch diese letzten Meter zur Qual. Die Geister aber, die Geister des Himalaya sind dahin.

Eine stumme Umarmung im Toben des Sturms. Das Bild gefriert. Schrift wird eingeblendet: Der vierzehnte Achttausender. Lhotse, 8516 m. Reinhold Messner und Hans Kammerlander. 1986.

Kurosawa hat Messner geträumt. Tobs muß nachdenken.

Epilog

Ein Versuch über das Gehen bergauf

Tonino Pagrelli lebte rechtschaffen, gottesfürchig und altersweise in einem kleinen italienischen Dorf am Südrand der Alpen. Zeitlebens hatte er sich als Schuhmacher verdingt, hatte durchgelaufene Sohlen erneuert, wacklige Absätze angenagelt, brüchig gewordene Nähte repariert, Risse im Leder geflickt und gelegentlich auch Maß genommen an den derben Füßen der Bauern und Bäuerinnen, die darauf viel in ihren steilen Weinbergen unterwegs waren und ihre Ernten noch barfüßig stampften.

Noch in seinen neunziger Jahren ging Tonino dieser Beschäftigung nach. Man hörte das Klopfen und Hämmern aus seiner kleinen Werkstatt, man sah ihn, in der späten Nachmittagssonne vor seinem geduckten Haus sitzend, langsam, aber gleichmäßig die Schusteröse führen. Viel hatte ihm sein Beruf nicht eingebracht; schließlich war das Dorf, das aus eng zusammengerückten, kühn an den Hang gebauten Häusern bestand, klein, der Füße gab es allzu viele nicht, und selbst wenn er nebenbei alles mögliche Lederzeug ausbesserte, flickte, aufpolierte, Traggestelle für die Maultiere beispielsweise, so reichte es doch nie, auch nur geringen Wohlstand zu erlangen.

So lebte Tonino bescheiden in seinem Dorf. An den Werktagen tat er an Arbeit was anfiel, an Sonntagen und bei Feierlichkeiten wohnte er den Gottesdiensten und Andachten bei, was dann noch an freier Zeit blieb nutzte er, um das Dorf zu verlassen und einige Stunden zu gehen. Da steckte er sich dann zwei Äpfel in die Taschen, band sich eine Schafwollpullover um die Hüften, stieg auf den einstmals sandigen, heute schlecht gepflasterten Straßen seines Dorfes höher und höher, erreichte noch vor dem ersten Hahnenschrei freies Gelände und ging dann kräftig ausschreitend bergauf, durch die Weinberge zunächst, dann durch allerlei farbenprächtigen Wildwuchs, meist auf kleinen verwunschenen Pfaden hinauf bis zum höchsten Punkt eines jener Vorberge, die sich über dem Dorf, in dem er geboren war und das er abgesehen von seinen Wanderungen nie verlassen hatte, erhoben. Unterwegs pflückte er, was an Beeren gerade reifte, das kalte Wasser klarer Quellen trank er aus der hohlen Hand, die Äpfel hob er sich für die Gipfel auf, wo er, wenn das Wetter gut gesinnt war, manche Stunde still, sitzend und schauend, verbrachte, wie allein auf dieser Welt. Meist kehrte er erst gegen Abend wieder in sein Dorf zurück und seine Nachbarn wunderten sich oder verspotteten seine Eigenheiten hinter seinem mit den Jahren runder werdenden Rücken. Doch Tonino Pagrelli bekümmerte das wenig.

Im Gleichklang verlief sein ganzes Leben. Nie war es anders gewesen. Seit er sein Handwerk erlernt hatte, seit frühesten Jahren also, hatte sich nichts geändert. Zufrieden arbeiten, bescheiden essen, Gott ehren und danken und, wann immer es Zeit und Witterung zuließen, gehen im Gebirge. Freilich, im Alter ging er weniger schnell und meist weniger weit. Aber er ging. Am liebsten im Herbst, wenn die Sonne Milde walten ließ. Auch im Frühjahr, wenn die Erde neues Leben gebar. Sogar im leichten Regen oder im allerersten Schnee. Nur Winter, Gewitter und Sturm vermochten ihn von seinen Gängen zu den Bergen abzuhalten.

Als Pagrelli fünfundneunzig Jahre alt wurde, immer noch rüstig war, immer noch Schuhe fertigte und ausbesserte, immer noch zu Bergen hinaufstieg, so war das in dieser Gegend, wo die Menschen zwischen Geburt und Tod nie ernsthafte Krankheiten zu erleiden hatten, nichts Außergewöhnliches. Hier wurden die Alten älter als anderswo, ja, das ganze Dorf und auch die weiteren Dörfer der Umgebung schienen einzig aus Alter zu bestehen, die Menschen wie die Häuser, denn alles Junge war fort, städtewärts, hatte sich ein besseres Leben anderswo erhofft. Fünfundneunzig war nichts Besonderes. Doch immerhin eine kleine Meldung in der Lokalzeitung wert, worin ihm, dem Schuhmacher von da und da, der mehreren Generationen die Fußbekleidung angepaßt hatte, auf das Herzlichste gratuliert worden war.

Weitere fünf Jahre vergingen, und nichts gab für Tonino Pagrelli den Anlaß, sein Leben zu verändern, auf die Arbeit oder das Gehen zu verzichten. Gewiß, das Hämmern in der Werkstatt war in diesen Jahren wieder um eine Nuance langsamer geworden, ebenso sein Schritt, wenn er am frühen Morgen das Dorf verließ. Wieder stand er in der Zeitung, diesmal mit Bild, und ein hoher Herr der Landesregierung kam, um Blumen zu überreichen, allerhöchste Glück- und Segenswünsche zu überbringen. Es spielte eine Kapelle aus der Stadt und Pagrelli war peinlichst berührt.

Tage darauf kamen die Studenten. Junge Frauen und Männer aus

Padua, die von ihm erfahren hatten, von seiner ungewöhnlichen Rüstigkeit, seinem Mangel an Ansprüchen, seiner Freude am Gehen. Ob sie ihn einmal begleiten dürften, mit ihm gehen auf einen seiner Berge, fragten sie höflich, und er dachte nein und sagte ja, weil sie höflich gefragt hatten, obwohl sie Töchter und Söhne höherer Häuser waren und in akademischer Ausbildung standen, weil sie ihn, den alten Schuhmacher, höflich gefragt hatten, brachte er es nicht übers Herz, sie wieder wegzuschicken. So sah man ihn, gefolgt von einer Schar junger Leute, in der Dämmerung des nächsten Morgens die steilen Dorfstraßen bergauf steigen, Äpfel in den Taschen, und die letzten Häuser hinter sich lassend, noch bevor die Hähne erstmals krähten. Es war eine schweigsame Gruppe, die an diesem frühen Tag ins Gebirge aufbrach. Pagrelli ging sein Lebtag sparsam mit Worten um, brauchte zudem seine Atemluft für den Aufstieg von nicht unerheblicher Steilheit, auch die Studenten waren still, noch stand ihnen Müdigkeit in die Gesichter geschrieben.

Nach einer halben Stunde setzte sich der Alte auf einen Stein, wischte sich mit einem Tuch den Schweiß vom Gesicht, die jungen Leute gruppierten sich um ihn und hießen eine Rast willkommen.

»Wenn wir hier bleiben«, sagte Pagrelli, »und ein wenig warten, dann sehen wir dort drüben die Sonne kommen.«

So erwarteten alle den Sonnenaufgang, schauten zu, wie allmählich ein orangefarbenes Licht hinter diesig verschleierten Bergen auftauchte und sich formte zu einem runden Sonnenball.

Die nächste halbe Stunde führte sie durch buschbestandene Blumenwiesen. Kleine Mauern aus Fundsteinen unterteilten das Gelände und begrenzten die Weidegebiete der Schafherden, die mit ihrem vielstimmigen Geblök und den hellen Tönen der Glocken die Ankömmlinge staunend begrüßten. Aufgeregt bellten die Hirtenhunde, um die Ordnung in den Herden fürchtend.

Auf einer der Mauern ließ sich Pagrelli nieder. Wieder holte er sein Tuch aus der Tasche, um sich den Schweiß abzuwischen. Die Studenten setzten ihre Rucksäcke ab, um ein paar Schlucke aus den Trinkflaschen zu nehmen, ein paar Bissen vom Proviant zu tun.

»Sie sind jetzt einhundert Jahre alt, Signor Pagrelli«, sagte eine junge Frau. »Sie arbeiten noch immer und gehen noch immer in die Berge. Gibt es ein Rezept für diese körperliche und geistige Vitalität bis ins... bis ins hohe Alter?«

»Es gibt kein Rezept«, sagte Pagrelli. Und er fügte hinzu:

»Was für den einen gut ist, muß es nicht auch für andere sein.«

Dann wollte er eigentlich wieder schweigen. Aber die Augen der jungen Leute baten laut um das Geheimnis seines Lebens.

»Ich hatte das Glück, ein Leben lang das Leben führen zu können, das für mich, für meinen Körper, für meinen Kopf, für meine Seele, das beste gewesen ist. Weil es mir an Geld gefehlt hat, bin ich gar nicht erst in die Versuchung gekommen, den Fraß der ewig Unzufriedenen zu probieren. Gefüllte Wildenten oder Eiscreme, Gemüse aus Konserven oder Früchte, steinhart gefroren. Gegessen habe ich hundert Jahre lang vor allem Rohes, das Obst von den Bäumen, die Beeren von den Sträuchern, das Gemüse aus meinem kleinen Garten. Manchmal habe ich mir eine Suppe gekocht, Fleisch gab es selten, ein wenig Brot, Milch und ein wenig Käse von den Hirten und den Wein ganz dünn, mit Brunnenwasser gemischt. Die meisten Menschen sterben am Essen.«

Einer von den Jungen wollte etwas sagen, aber Pagrelli wischte jeglichen Einwand mit einer kleinen Handbewegung fort.

»Dann hatte ich das Glück, immer und mit allem zufrieden zu sein. Es macht mir Freude zu arbeiten, es macht mir Freude, in die Kirche zu gehen, es macht mir Freude, auf einen Berg zu steigen, es macht mir Freude, nichts zu tun, alles zu seiner Zeit. Deshalb bin ich alt geworden. Und weil ich das Glück hatte, die Schönheit in meiner Umgebung mit den Augen und dem Herzen sehen zu können, weil ich dieses Glück hatte und weil ich von Jugend an viel gegangen bin, zu Fuß gegangen, deshalb bin ich bis heute in der Lage, auf diese Berge zu steigen. Nicht mehr so schnell vielleicht, wie ihr es könnt, aber werdet erst mal hundert Jahre.«

Dann erhob er sich von seiner Mauer und gab somit für alle das Zeichen, den Weg fortzusetzen. Wieder ging man etwa eine halbe Stunde. Immer karger wurde das Gelände, anspruchslose Gräser wuchsen aus dürrem, von Felsbrocken durchsetztem Boden, knorrige Bäumchen schienen sich mit ihren Wurzeln im harten Untergrund festzukrallen. Die Sonne sandte viel Wärme zu dem hier schattenlosen Hang und das Gehen wurde mühsamer mit jedem Schritt. Endlich erreichten sie eine Quelle, ein unscheinbares Rinnsal, das von einem Felsen tropfte und sein kaltes, klares Wasser in einer darunterliegenden Mulde sammelte, bevor es im gierigen Boden versickerte. Der

Alte kniete sich nieder, trank wie ein Hund aus einem Napf, füllte sodann seine zu einer Schüssel geformten Hände und wusch sich neben der Quelle das Gesicht und kühlte sich mit dem Wasser die entblößten Arme.

»Ihr werdet mich für reichlich dumm halten«, sagte der Schuhmacher zu den Studenten, die einer nach dem anderen an die Quelle traten, um sich zu erfrischen, »aber es ist wirklich wahr: bis vor gar nicht langer Zeit habe ich nicht gewußt, daß ein Mensch hauptsächlich aus Wasser besteht.« Und in die Gesichter der Verständnis oder Ratlosigkeit lächelnden Studenten schauend fügte er hinzu: »Was könnte man sich also besseres tun als Wasser zu trinken, so viel es geht.«

Bis zum Gipfel blieb eine weitere, eine letzte halbe Stunde Weg. Immer steiniger wurde das Gelände, immer spärlicher die ohnehin karge Vegetation. Wo sich der schmale Weg im felsigen Gipfelhang verlor, dort hatte Pagrelli einen stabilen, brusthohen Bergstock liegen, den er jetzt nahm, um den letzten, Trittsicherheit erfordernden Abschnitt der gebirgigen Wanderung problemlos bewältigen zu können. Es waren dies keine besonders schwierigen Meter, die hinaufführten zum Gipfel, auch waren die Gefahren gering, doch wird wohl ein jeder Verständnis haben dafür, daß ein hundertjähriger Mann im trügerischen Gestein, wo man sich selbst den besten Anstieg suchen muß, Vorsicht walten läßt und auf dem einen oder anderen wackligen Block mittels einer sogenannten Alpenstange die Balance zu halten versucht.

Pagrellis junge Begleiter verfolgten jede seiner Bewegungen. Manche fürchteten, er würde vielleicht Schwierigkeiten bekommen, stolpern, stürzen, andere schlossen insgeheim und bei sich selbst Wetten ab, daß dieses letzte steinige Hindernis den greisen Mann zurückweisen, zur Umkehr zwingen würde, war es doch schon Leistung genug, überhaupt bis hier herauf zu gelangen, in einem langsamen Rhythmus schreitend und ruhig und gleichmäßig atmend. Doch Pagrelli bewegte sich auch im felsigen Gelände sicher, setzte bedächtig einen Schritt vor den anderen, stützte sich an heiklen Stellen auf seinen Bergstock, fand im verwirrenden Durcheinander des Geschröfs den unschwierigen Anstieg, ging als wäre er nicht hundert, sondern fünfzig, vierzig, dreißig, ging bis zum Gipfel und seinem wind- und wetterschiefen Kreuz aus altem, zerfurchtem, gebleichtem Holz.

Nun darf man sich diesen Gipfel nicht als Spitze vorstellen, wo Grate kulminieren, sich immer mehr verjüngende Flanken gleichsam in einem Punkt zusammentreffen. Es war ein runder, weitläufiger Rükken, der gänzlich undramatisch den Höhepunkt dieser Tour darstellte, eine weite Fläche, wo scharfkantiges Gestein in seiner Formenvielfalt dominierte, aber auch Wiesenflecken den ruhebedürftigen Wanderer erwarteten. Es war ein Gipfel, wie er für viele voralpine Regionen typisch ist.

Zwischen und auf den Steinen ließ man sich nieder. Die Jungen holten ihren Proviant aus den Rucksäcken, Pagrelli nahm seine Äpfel aus den Hosentaschen, jeder aß und trank und die Studenten genossen auch ein einfaches Mahl hier so sehr wie im Tal ein Menü in den Restaurants von Padua. Dann wurde die Aussicht gerühmt, eine Panoramakarte zu Rate gezogen, es wurde fotografiert und geplaudert. Eine junge Frau fragte Pagrelli, der mit dem Rücken am Kreuz lehnte, ob sie ihn ebenfalls fotografieren dürfte und weil der nichts dagegen hatte, machte sie eine ganze Serie von Bildern, wobei sie mit dem Zoomobjektiv jede Falte in seinem Gesicht herausarbeiten konnte, ohne daß er sich dieser intensiven Annäherung hätte bewußt werden können.

»Steigen Sie auf diese Berge, um Gott näher zu sein?« fragte einer, der bemerkt hatte, daß Pagrelli beim Ankommen am Gipfelkreuz drei Kreuzzeichen auf der Stirn, dem Kinn, der Brust gemacht hatte.

»Nirgends muß man hinsteigen wegen Gott«, antwortete Pagrelli, verwundert, was diese Büchermenschen von ihm wissen wollten, anscheinend selbst nicht wußten, weil anscheinend auch ihre Bücher darüber nichts enthielten. Ihn fragten sie, ihn, den Dorfschuster mit seinen hundert Jahren. »Nirgends«, sagte Pagrelli. »Gott ist überall. Wenn ich in meiner Werkstatt sitze und hämmere und flicke, dann ist er da. Wenn die Sonne morgens kommt und abends untergeht, ist er da. Wenn ein fahrender Musikant durch unser Dorf zieht und zum Gitarrenspiel in einem Lied erzählt, was es Neues gibt im nächsten Tal, dann ist Gott da. Wenn ich esse, mit den Nachbarn spreche, wenn ich mich freue, wenn ich mich fürchte vor dem Tod, dann ist er da. Und wäre er nicht da, wäre er in irgend jemandes Leben einfach nicht da, dann könnte der auf die Berge steigen oder wohin auch immer, nach Rom pilgern zum Vatikan meinetwegen, Gott wäre nicht da und er käme ihm auch keinen Schritt näher.«

»Aber warum dann«, rief einer, der ein Stück entfernt saß, Pagrellis Antwort auf die Frage nach Gottesnähe immerhin aber verstanden hatte. »Warum dann mit einhundert Jahren da herauf?«

»Weiß ich, warum ich geboren wurde? Ausgerechnet in diesem Dorf. Warum ich Schuster bin und nicht irgendwas anderes? Weiß ich, warum mir Gemüsesuppe schmeckt und der Rauch von Zigarren kein bißchen? Weiß ich, warum ich das Gebirge liebe und nach dem Meer kein Verlangen habe? Ich weiß es nicht.«

Es mochte schwerfallen, dies alles einzusehen, diesen rüstigen Greis zu verstehen, sich hineinzuversetzen in sein Leben in jenem Dorf, das er nie weiter verlassen hatte als bis zu den Höhen der Umgebung. Doch jeder bemühte sich, ein wenig ungläubig die einen, bewundernd staunend andere, und gewiß war nicht einer unter den jungen Leuten, dem dieser Ausflug mit Tonino Pagrelli nicht eindringliches Erlebnis gewesen wäre, das man noch lange bedachte und das noch in mancher Lebenssituation ins Gedächtnis zurückkehren würde, später, wenn selbst Pagrelli nicht mehr unter den Lebenden weilen sollte und seine Bergstöcke, unnütz geworden, irgendwo in seinen Bergen verrotten würden.

Fast zwei Stunden blieb die Gesellschaft auf dem Gipfel. Man sprach über dies und über das, viele Fragen wurden an den alten Mann gerichtet, auch er wollte schließlich einiges von den jungen Leuten wissen, doch würde es den Rahmen dieser Geschichte sprengen, alles hier anzuführen. Wichtig erscheint lediglich noch dies: Als der Aufbruch ins Tal bereits beschlossene Sache war und jeder seine Sachen packte, wurde Pagrelli nach seinen großen Bergtouren befragt. Denn mit der Zeit hatte der Dunst in der Ferne Dolomitenberge freigegeben, schlanke Türme, spitze Zacken, senkrechte und überhängende Wände, eindrucksvolle Felsgestalten, worin Alpingeschichte geschrieben worden war. Der Fragesteller war, wie jetzt erst aufkam, in der Gruppe der Studenten der einzige Bergsteiger, und sein Herz schien höher zu schlagen beim Anblick dieser Berggestalten, wo es alpinistische Abenteuer noch und noch zu erleben gäbe. Natürlich lag nahe, daß auch der bergverbundene Pagrelli in jüngeren Jahren so manchen schwierigen Berg erstiegen hatte, durch steilen Fels vielleicht oder über hartes Eis, doch diese Annahme war falsch, wie der Alte kurz und bündig klarstellte.

»Ich habe es doch schon gesagt: Ich habe mein Dorf und die kleinen

Hügel der Umgebung nie verlassen. Bin nie irgendwo anderes hin. Immer war ich hier, und immer war ich zufrieden.«

»Hat es Sie denn nie dorthin gezogen, wenn Sie hier oben saßen und diese Berge gesehen haben, wo die kühnsten Bergsteiger der verschiedenen Epochen Großartiges geleistet haben, alpinistische Sternstunden sozusagen?«

»Hat es schon«, antwortete Pagrelli. »Vor allem als ich noch jung war. Aber mal fehlte es an Geld, mal an Zeit. So bin ich immer hier geblieben. Und wenn ich zurückschaue auf mein Leben, das vielleicht morgen zu Ende sein kann, dann fehlt mir nichts.«

Daß er das nicht verstehen könne, ereiferte sich der junge Bergsteiger, ganz und gar nicht. Er würde es nicht aushalten, hier zu sitzen und in gar nicht so großer Ferne diese edlen Berge zu sehen, berühmte Gipfel mit schönsten und schwierigsten Anstiegen, erschlossen von Alpinisten, bei deren Namen einem vor Ehrfurcht eine Gänsehaut über den Rücken liefe und man sich vor ihnen und ihren bergsteigerischen Sternstunden geradezu verbeugen möchte.

»Sternstunden, ach was. Dafür muß ich nicht fort von hier, und durch steile Felsen klettern oder sonst irgendwas. Wenn ich hier heraufgehe, oder auf den Berg dort drüben oder dort auf den, und wenn ich dann dasitze und schaue, schaue, horche, rieche und fühle, dann habe ich meine Sternstunde. Und ich hatte unzählige in meinem Leben.«

Das sagte Tonino Pagrelli, erhob sich von seinem Stein, nahm den Bergstock in die altersfleckige Rechte und machte sich, gefolgt von einer kleinen Schar junger Leute, an den Abstieg ins Dorf.

Anhang

Geschichtliche Daten zu den Erzählungen

Im folgenden sollen die faktischen Hintergründe der in diesem Buch recht frei gehandhabten Ereignisse kurz umrissen werden und somit dem Leser unterscheiden helfen zwischen Dichtung und Wahrheit. Literaturangaben verweisen auf Bücher, die das historische Wissen zu den jeweiligen Themen vertiefen können.

Die neu erfundene Legende (Seite 13):
1975 setzte an den nordgriechischen Metéorafelsen die moderne bergsportliche Erschließung ein. Mehr als 100 markante Felsgestalten ragen bis zu 300 Metern in die Höhe. Inzwischen ist der »Felsenwald« als Klettergebiet weltweit bekannt.
Bekannt jedoch war Metéora schon seit Jahrhunderten. Als eine Landschaft der Religiösität, der Andacht, der Meditation. Schriftliche Zeugnisse über das Mönchtum in Metéora reichen zurück bis in das 11. Jahrhundert. Seit dem 13. Jahrhundert entstanden zahlreiche Klöster auf den schwer zugänglichen Felsen. Heute existieren noch sechs davon. Sie sind bewohnt und zu besichtigen.
1977, bei einer ersten Besteigung des Alyssos im bergsportlichen Sinn, stießen die Bergsteiger Hasse und Stutte auf frühe Begehungsspuren. Am Gipfel fanden sie die spärlichen Reste einer klösterlichen Anlage, die auf das 14. Jahrhundert datiert werden konnten. Für Hasse/Stutte steht zweifelsfrei fest, daß bereits damals irgendwer Kletterstellen im IV. und V. Schwierigkeitsgrad hilfsmittellos bewältigt hat.
Heinz-Lothar Stutte/Dietrich Hasse, *Meteora,* Stutte-Verlag 1983

Petrarca starb bei Padua (Seite 24):
Der Mont Ventoux ist mit 1909 Metern der höchste Berg der südfranzösischen Provence. Der einst bewaldete Berg, nordöstlich der Stadt Carpentras gelegen, wurde im Mittelalter abgeholzt. Seit 1860 bemüht man sich um Aufforstung. Der Gipfel soll von jeher karg gewesen sein. Heute führen aus allen Himmelsrichtungen Straßen hinauf zu Wetter-, Sende- und Forschungsstationen.
Francesco Petrarca wurde am 20. Juli 1304 in Arezzo in der Toskana geboren, er wuchs auf in Carpentras und starb in der Nacht vom 18. auf den 19. Juli 1374 in Arqua südlich von Padua. Am 26. April 1336 bestieg er den Mont Ventoux und berichtete darüber in einem Brief an Francesco Dionigi nach Paris. Jahrhunderte später hat man deshalb von der »Geburtsstunde der alpinen Idee« gesprochen. 1341 wurde Petrarca in der heiligen Stadt zum »Dichter der Römer« gekrönt.
Hanns W. Eppelsheimer (Hrsg.), *Petrarca – Dichtungen, Briefe, Schriften,* Insel Verlag 1980

Klokner (Seite 32):
Bis heute ist sich die Fachwelt uneins darüber, wann genau der Großglockner erstmals bestiegen worden ist. Mehrere Expeditionen, initiiert von Altgraf Salm-Reifferscheid, mühten sich um den Gipfelerfolg, mehrmals jedoch soll nur der Vorgipfel, der Kleinglockner, erreicht worden sein. Waren die Brüder Klotz mit einigen Begleitern schon 1799 als erste am Großglocknergipfel oder erst Pfarrer Horasch allein im Jahr darauf – Fragen, die nie mehr geklärt werden können.
Der Großglockner ist mit 3797 Metern der höchste Berg Österreichs. Er bietet zahlreiche überaus lohnende Anstiege und erfreut sich seit der Eröffnung der Großglockner-Hochalpenstraße (1935) größter Bekanntheit und Beliebtheit.
Oskar Kühlken, *Das Glockner-Buch,* Das Berglandbuch 1951

Die große Reise (Seite 58):
Alexander von Humboldt (geb. 1769 in Berlin, gest. 1859 ebenda). Deutscher Naturforscher und Geograph. Humboldt unternahm zahlreiche Reisen, so nach Südamerika und in den Ural. Seine fünfjährige Amerikareise begründete seinen Ruhm als Naturwissenschaftler. Der Chimborazzo ist mit 6267 Metern der höchste Berg Ekuadors. Am 4. Januar 1880, 78 Jahre nach Humboldts alpinistisch erfolglosem Versuch, wurde der erloschene Vulkan von Edward Whymper, Jean Antoine Carrel und Louis Carrel erstmals bestiegen.
Alexander von Humboldt, *Ansichten der Natur,* Eichborn Verlag 1987

Zwei Frauen (Seite 71):
Der Montblanc ist 4807 Meter hoch. Er ist der höchste Berg der Alpen. Am 8. August 1786 wurde er von Norden her erstmals bestiegen. Jaques Balmat und Michel-Gabriel Paccard standen als erste auf dem Gipfel. Am 14. Juli 1808 gelangte in Begleitung von sechs Führern, darunter wiederum Balmat, die erste Frau auf den Montblanc: Marie Paradis. Am 4. September 1838 erreichte die Comtesse Henriette d'Angeville 44jährig den Gipfel. Als »Montblanc-Braut« ging sie ein in die Alpingeschichte.
Gaston Rébuffat, *Montblanc,* Bruckmann Verlag 1988

Hintergründe (Seite 81):
Der Großvenediger, auch Buttermodel, Sulzbacher oder Stützenkopf genannt, ist 3764 Meter hoch. Bereits 1828 wurde versucht, den Gipfel durch die schwierige Nordwestwand zu erreichen. Doch 120 Meter unter dem Gipfel löste sich eine Lawine, riß einen der Bergsteiger mit sich. Dieser konnte zwar überleben, das Unternehmen aber war gescheitert. Am 3. September 1841 dann erreichten 26 Personen einer Expedition, die von Ruthner initiiert hatte, den Gipfel.
Die Nordwestwand wurde am 25. August 1891 von Eugen Guido Lammer im Alleingang erstmals durchstiegen. Heute zählt der Großvenediger zu den beliebtesten Dreitausendern der Ostalpen, mehr als 20 Anstiege führen zu seinem Gipfel.
Oskar Kühlken, *Die weltalte Majestät,* Das Berglandbuch 1950

Edward Whymper, weiss auf schwarzem Grund (Seite 92):
Am 14. Juli 1865 wurde erstmals der Gipfel des 4477 Meter hohen Matterhorns erreicht. Der Brite Edward Whymper hatte sich mehrmals an diesem vermeintlich letzten großen Problem des Alpinismus versucht. Schließlich war er mit den Führern Croz, Taugwalder Vater und Taugwalder Sohn und begleitet von seinen Landsleuten Hudson, Hadow und Douglas an »seinem« Berg erfolgreich. Beim Abstieg kam es jedoch zur Tragödie. Hadow glitt aus, stürzte, riß, weil ein Verbindungsseil nicht hielt, den Führer Croz, Douglas und Hudson mit sich in den Tod.
Die tragisch endende Erstbesteigung hat das Matterhorn und den Ort Zermatt weltberühmt gemacht. Der Anstieg von 1865 über den Hörnligrat ist eine der meistbesuchten Alpenrouten (1200 Höhenmeter, Schwierigkeit II–III).
Fritz Schmitt (Hrsg.), *Matterhorngeschichten,* Bruckmann Verlag 1983

Drei Begegnungen mit Grohmann (Seite 103):
Paul Grohmann war im 19. Jahrhundert der bedeutendste Erschließer der Dolomiten. Als erster erreichte er u. a. die Gipfel von Marmolada, Sorapiss, Großer Zinne, Boéspitze. Am 13. August 1869 erstieg er mit den Führern Innerkofler und Salcher erstmals den 3181 Meter hohen Langkofel (Sasso Lungo), jenes Wahrzeichen der Dolomiten, das sich gewaltig über das Grödnertal erhebt. Grohmann (geb. am 12. Juni 1838 in Wien) war vermögend bis ins Jahr 1873, als er durch den Wiener Bankkrach seinen Wohlstand verlor. Er verfaßte ein Buch (»Wanderungen in den Dolomiten«) und fertigte eine Dolomitenkarte im Maßstab 1:100000 an. Mehrere Denkmäler erinnern heute in Südtirol an Paul Grohmann, der am 31. Juli 1908 in Wien verstarb.
Luca Visentini, *Langkofel und Sella,* Athesia-Verlag 1981

Am Rande der Alpen (Seite 125):
Der 1790 Meter hohe Heimgarten ist ein harmloser Berg in den eher sanften Bayerischen Voralpen. Er erhebt sich unweit von Murnau und gewährt herrliche Ausblicke ins Karwendel, ins Wettersteingebirge, in die Zentralalpen. Mit dem Herzogstand ist der Heimgarten durch einen langen Grat verbunden, der nicht zuletzt durch Walter Pauses »Münchner Hausberge« berühmt geworden ist. Irgendwann im Winter 1890 bestieg der Gestütsverwalter Karl Otto (geb. 1861 bei München, gest. 1946 in Garmisch-Partenkirchen) den Heimgarten mit Ski. Der Ski-Alpinismus begann.
Sonderveröffentlichung der DAV-Sektion Murnau, *100 Jahre Skibergsteigen,* Murnau 1990

Übungen des Diktators (Seite 134):
Die etwa 1800 Meter hohe Nordwand des Eiger (3974 m) gehört zu den objektiv gefährlichsten Wänden der Alpen. Am 24. Juli 1938, nach mehreren Tagen in der Wand, erreichten vier Bergsteiger den Gipfel: Andreas Heckmair, Ludwig Vörg, Fritz Kasparek und Heinrich Harrer. Ihrem gewagten Unternehmen waren mehrere, meist tragisch endende Versuche deutscher, österreichischer und italienischer Alpinisten vorausgegangen. Vörg fiel 1941 im Krieg, Kasparek stürzte 1954

beim Bergsteigen ab, Harrer wurde vor allem berühmt durch seine sieben Jahre in Tibet als Freund und Berater des Dalai Lama, und Heckmair ist heute einer der großen alten Herren aus der wohl wildesten Zeit der Bergsteigerei.
Heinrich Harrer, *Die weisse Spinne,* Ullstein Verlag 1961

Das kleine Leben meiner Großmutter (Seite 145):
Mit 8848 Metern ist der Mount Everest im Himalaya der höchste Berg der Erde. Bereits 1924 versuchten sich Mallory und Irvine an diesem Berg. Ohne künstlichen Sauerstoff! In einer Höhe von 8500 Metern wurden sie zum letzten Mal beobachtet. Sie blieben verschollen. Und ungeklärt blieb, ob sie vor ihrem Tod den Gipfel erreicht hatten.
Am 29. Mai 1953 erreichen der Neuseeländer Edmund Hillary und der Sherpa Tenzing Norgay, Mitglieder einer britischen Expedition unter der Leitung von John Hunt, als erste Menschen den Gipfel. Sie verwendeten wie viele Nachfolger künstlichen Sauerstoff.
John Hunt, *Mount Everest,* Ullstein Verlag 1956

Das Gesicht eines alten Mannes (Seite 149):
Der Nanga Parbat ist 8125 Meter hoch. In den dreißiger Jahren wurde er zum sogenannten »deutschen Schicksalsberg«. Mehrere Expeditionen endeten tragisch, ein Fluch schien auf diesem Achttausender zu lasten. Erst 1953 gelang die Besteigung. Der Ausnahmealpinist Hermann Buhl (geb. 1924 in Innsbruck, gest. 1957 durch Absturz an der Chogolisa/Karakorum) bewältigte 1200 Höhenmeter zwischen dem letzten Hochlager und dem Gipfel in einem spektakulären Alleingang. Am 3. Juli 1953 stand er um 19 Uhr auf dem höchsten Punkt des Nanga Parbat.
Hermann Buhl, *Allein am Nanga Parbat,* Steiger Verlag 1985

Der Lauf eines Lebens ist rascher... (Seite 162):
Am 2. Juni 1977 wurden am Fleischbankpfeiler im Kaisergebirge die »Pumprisse« erstbegangen. Die Kletterer Helmut Kiene und Reinhard Karl gaben die Schwierigkeiten mit dem VII. Grad an; denn die neue Route war schwieriger als alles, was ihnen bisher als äußerst schwierig (VI) bekannt war. Eine althergebrachte Bewertungsskala wurde dadurch revolutioniert, der Weg für achte, neunte, zehnte Grade freigemacht.
Der Allroundalpinist Karl (geb. 1946) – er war der erste Deutsche auf dem Everest – verunglückte am Cho Oyu 1982 tödlich. Kiene zog sich plötzlich und überraschend aus dem Klettersport zurück.
Reinhold Messner, *Der siebte Grad,* BLV 1973

Kurosawa träumt Messner (Seite 172):
Reinhold Messner (geb. 1944 in Brixen) bestieg als erster Mensch alle 14 Achttausender. Er gilt als größter Erneuerer der Bergsteigerei – und zwar auf allen Gebieten. Er hat schwierigste Alpenrouten eröffnet, die Sportkletterei propagiert, ihm gelang als erstem der Everest ohne Zuhilfenahme künstlichen Sauerstoffs, ihm gelang als erster ein absoluter Alleingang an einem Achttausender.
Der Lhotse, von dem in der Erzählung die Rede ist, weist eine Höhe von 8516 Metern auf. 1956 gelang den Schweizer Bergsteigern Luchsinger und Reiss die Erstbesteigung.
Reinhold Messner, *Überlebt,* BLV 1989

Bei Büchern, die im Handel nicht mehr erhältlich sind, empfiehlt es sich, die Bibliothek des Deuschen Alpenvereins in München zu Rate zu ziehen.

Der Autor: Stefan König, geb. 1959, aktiver Bergsteiger, ist seit 1984 als freier Publizist für Presse und Fernsehen tätig. Er hat als Redakteur bei den Zeitschriften »Bergwelt« und »Everest« gearbeitet. Als Reporter der Süddeutschen Zeitung und als Autor mehrerer Bücher ist er in der Alpinszene ein Begriff. Für seinen Film über den modernen Holzbildhauer Adolf Vallazza erhielt er 1990 in Trient den ARGEALP-Preis.

Bildnachweis

Die Zahlen verweisen auf die Seiten
33, 34: Stefan König, Benediktbeuern; 51: Ernst Wrba, Sulzbach/Taunus; 52: Horst Heller, Kirchseeon; 69: Staats- und Universitätsbibliothek Hamburg; 70: Bernd Ritschel, Berg/Obb.; 87: Jürgen Winkler, Penzberg; 88: Horst Heller, Kirchseeon; 121: Wolfgang Sauer, Holzwickede; 122: Florian Werner, Großweil; 139: Helmut Mägdefrau, Deisenhofen; 140, 157, 158, 175: Jürgen Winkler, Penzberg; 176: Stefan König, Benediktbeuern